AF332109

GUIDE-CATALOGUE

DU

MUSÉE GUIMET

Les Collections Bouddhiques

(EXPOSÉ HISTORIQUE ET ICONOGRAPHIQUE)

INDE CENTRALE ET GANDHÂRA
TURKESTAN, CHINE SEPTENTRIONALE, TIBET

PAR

J. HACKIN

CONSERVATEUR DU MUSÉE GUIMET

PARIS ET BRUXELLES
LIBRAIRIE NATIONALE D'ART ET D'HISTOIRE
G. VAN OEST & Cᵉ, ÉDITEURS
1923

GUIDE-CATALOGUE
DU MUSÉE GUIMET

—

LES COLLECTIONS BOUDDHIQUES

GUIDE-CATALOGUE

DU MUSÉE GUIMET

Les Collections Bouddhiques

(EXPOSÉ HISTORIQUE ET ICONOGRAPHIQUE)

**INDE CENTRALE ET GANDHÂRA
TURKESTAN, CHINE SEPTENTRIONALE, TIBET**

PAR

J. HACKIN

CONSERVATEUR DU MUSÉE GUIMET

PARIS ET BRUXELLES
LIBRAIRIE NATIONALE D'ART ET D'HISTOIRE
G. VAN OEST & Cie, ÉDITEURS

1923

PREMIÈRE PARTIE

INDE CENTRALE ET GANDHÂRA

—

CHAPITRE PREMIER

CONSIDÉRATIONS GÉNÉRALES

§ 1. *La légende du Bouddha.*

Le labeur patient des archéologues, si fréquemment des-
servi par les incertitudes de l'histoire indienne, a su fixer,
sur les cartes de l'Inde moderne, l'emplacement de la ville
natale du Bouddha : un pilier inscrit découvert à Rummindeî,
à quelque cent cinquante kilomètres au nord de Bénarès,
jalonne le site du jardin Lumbinî, le lieu même où la reine
Mâyâ donna le jour à Siddhârtha, le futur Bouddha (1).

La réalité historique se substitue ainsi, par la vertu de ce
contact terrestre, à la théorie du « mythe solaire obscurci et
humanisé » (2). Que les biographes poursuivent systémati-
quement l'assimilation, esquissée çà et là dans les textes les
plus anciens, du Bouddha au monarque à la roue (*cakravartin*) (3), ou qu'ils fassent appel à toutes les ressources du
merveilleux indien, un fond de réalité subsiste qui ne permet
pas, comme le remarque justement M. Oltramare, « de vola-

(1) XXXIV, p. 498.
(2) XXVIII, p. 4; XXXV, p. 510.
(3) XXXII.

tiliser la figure du Bouddha, de prétendre que l'ordre qui servait de noyau à l'institution nouvelle n'avait pas plus conservé le souvenir précis du *guru*, son fondateur, que tant d'autres communautés religieuses dont les maîtres, énumérés en listes interminables, ne sont que des noms sans vie et sans caractère. On peut plus hardiment admettre qu'il y a eu à l'origine de la religion nouvelle une personnalité attachante qui fit sur son entourage une impression assez forte pour que sa mémoire soit restée vivante » (1).

De remaniements en remaniements la légende s'ordonne, soumise à de véritables exigences « scéniques ». A la vie facile et brillante du palais, s'oppose le coup de théâtre des quatre rencontres. Si les trois premières visions révèlent, au jeune prince ignorant, les amertumes de l'existence, la dernière rencontre, celle du religieux, lui laisse entrevoir une issue. Ce roman, d'une psychologie très pénétrante, se continue par le drame de la Tentation et se termine par l'Illumination. Sous le figuier de Bodh-Gayâ, Çâkya-muni a maîtrisé à tout jamais le trouble sensuel et ses conséquences funestes. Ayant longuement médité sur la douleur, il découvre le lien qui, par les douze causes (2), unit la vie au désir et à la douleur.

§ 2. *La doctrine du salut.*

Si le Bouddha évite soigneusement de répondre à toutes les questions qui pourraient le détourner du but qu'il s'est proposé d'atteindre, son silence n'est pas une négation. « Ce que je sais et ne vous ai pas enseigné est beaucoup plus considérable que ce que je ne vous ai pas enseigné. Et pourquoi ne vous l'ai-je pas enseigné? Parce que cette connaissance ne vous serait d'aucun avantage ; parce qu'elle ne vous mènerait pas à la vie sainte, *au dégoût de ce qui est périssable,* à la destruction de la misère, à l'apaisement, à la

(1) XXVIII, pp. 4-5.
(2) XXIX.

connaissance transcendante, au *nirvâṇa* » (*Sâmyukta nikâya*, p. 438). Aussi les questions suivantes restent-elles sans réponses :

Le monde est-il permanent ou non, ou l'un et l'autre, ou ni l'un ni l'autre ?

Le monde est-il limité dans le temps ou non, ou l'un et l'autre, ou ni l'un ni l'autre ?

Le Bouddha existe-t-il après la mort ou n'existe-t-il pas, etc. ?

La vie et le corps sont-ils identiques ou non, etc. ?

A ces questions, fait remarquer le commentateur japonais Fou-gouan, on ne peut répondre ; car le monde, le Bouddha et la vie, ne sont, d'après les habitudes de pensée de la personne qui pose la question, qu'une expression indirecte du MOI (sujet réservé) (1).

§ 3. *Les Saintes Ecritures.*

En citant les paroles du Maître, nous évoquons l'autorité des Écritures, et, par là, nous touchons à une question complexe à laquelle nous ne pouvons nous dispenser d'accorder quelque attention : celle des conciles. M. Sylvain Lévi (2) fait remonter au Ier siècle avant notre ère la première donnée positive relative à la première Assemblée. « Le concile qui fixe alors par écrit les textes sacrés est une assemblée locale qui intéresse tout au plus quelques couvents de Ceylan. Mais la tradition des écoles Sarvâstivâdins place dans la même période un concile convoqué pour le même objet, et d'une portée bien plus considérable. Le roi Kaniṣka, de qui les hordes scythiques ont soumis l'Inde du Nord, veut par politique ou par dévotion fixer le dogme ; un concile tenu au Cachemire arrête le canon sanscrit, rédige un commentaire continu des Trois Corbeilles ; un écrivain de génie Açvaghoṣa, prête aux élucubrations des théologiens les ressources de son style. Tandis que le canon pâli reste pour longtemps encore confiné dans Ceylan où des adversaires puissants (l'école des

____

(1) XXXIII, p. 60.
(2) XXI, pp. 105-129.

Mahîçâsakas) le tiennent en échec, le canon sanscrit des Sar-vâstivâdins se propage sur les routes du Turkestan et de la Chine et les bateaux des colons indous vont le porter dans l'Indochine et dans l'archipel indien. D'autres écoles moins prospères, mais vivaces pourtant, élaborent aussi vers la même époque leur canon dans les dialectes néo-sanscrits (prâcrits) (1). »

Aucune donnée positive ne nous permet donc d'admettre la possibilité d'une fixation du canon immédiatement après la mort du Bouddha Çâkya-muni, voire même d'une codification un peu plus tardive. Il nous faut plutôt admettre la constitution très lente de deux canons, l'un rédigé en langue pâlie, l'autre en sanscrit.

L'ordonnance méthodique du canon pâli avec ses trois corbeilles (Vinaya, Sutta, Abhidhamma), subdivisées en sections, parfois même en rubriques, s'opposait à la complexité et au désordre — tout au moins apparent — qui semblait caractériser les Ecritures Saintes des bouddhistes du continent. D'autre part, des textes considérés comme très anciens — le Dhammapada par exemple — n'étaient connus que par des versions pâlies. L'ordre pâli triomphait sans peine. L'opinion des indianistes se modifia cependant à la suite du déchiffrement d'un manuscrit du Dharmapada, rédigé dans un dialecte sanscrit; ce manuscrit avait été acquis en 1889, dans la région de Kouča (au Turkestan), par le capitaine Bower. Les découvertes subséquentes de Dutreuil de Rhins-Grenard et de Petrovsky révélèrent d'autres versions sanscrites du Dharmapada. Il a été prouvé, d'autre part, que le recueil des règles disciplinaires (sanscrit : Vinaya; tibétain : Dul-ba) de la grande encyclopédie du Bouddhisme, connue sous le nom de Kandjour (Bka'-'hgyur), n'est qu'une traduction, à peine modifiée, du Vinaya d'une secte ancienne, la secte des Mûlasarvâstivâdins. L'équilibre se rétablissait à ce point, qu'il était désormais permis de considérer certains aspects particuliers des doctrines du canon sanscrit comme le développement de tendances salvatrices, timidement esquissées dans les œuvres de certains docteurs du canon pâli.

(1) XXI, pp. 122-123.

§ 4. *Hînayâna et Mahâyâna.*

Nous nous sommes limité jusqu'à présent à des distinctions exprimant une dualité d'ordre linguistique, réservant à dessein, pour éviter toute confusion, les termes de Hînayâna et de Mahâyâna, qui expriment surtout une dualité de tendances.

La distinction apparaît vers le Ier siècle de notre ère et va s'accentuant progressivement. Le Hînayâna fait du salut, de l'accession au *nirvâṇa*, une œuvre personnelle. Résultat d'une ascèse égoïste ; il reste un idéal monacal, érigeant en théorie le respect de la vie et l'amour des êtres. Le Mahâyâna « se vante de véhiculer plus loin et plus commodément un plus grand nombre de créatures » (de la Vallée Poussin) (1). A l'*arhat* (saint, délivré), au Bouddha solitaire et égoïste du Petit Véhicule (Hînayâna) il oppose le Bodhisattva, l'être miséricordieux qui surseoit volontairement à son *nirvâṇa* pour sauver les créatures. Tout le prosélytisme du Mahâyâna est en germe dans la doctrine du Bodhisattva sauveur.

Les théories salvatrices du Mahâyâna devaient trouver des commentateurs zélés. Le pieux pèlerin Hiuan-tsang s'attache à l'œuvre de Vasubandhu, ce transfuge du Petit Véhicule, adepte enthousiaste du Mahâyâna, Fou-gouan continue Hiuan-tsang au Japon. Par des hommes comme Vasubandhu les deux traditions restaient en contact. Les deux systèmes, peut dire I-Tsing, « sont parfaitement d'accord avec la noble doctrine. Pouvons-nous dire lequel des deux est le vrai? L'un et l'autre sont également conformes à la vérité et mènent au *nirvâṇa*... L'un et l'autre ont pour but la suppression du mal et le salut de tous les êtres... Ils ne diffèrent point sur les articles essentiels. Nous n'avons pas encore « l'œil de vérité »; comment pourrions-nous distinguer ce qu'il y a de juste ou de faux en eux? Ce que nous avons à faire, c'est de suivre l'exemple de nos prédécesseurs ». (Record, p. 14 et suiv.)

(1) XIX, p. 18; XXVIII, p. 77, rem. 1.

§ 5. *Tantrayâna.*

A cette continuité de la tradition philosophique, la religion populaire oppose une étonnante diversité d'aspects : le Çivaisme tantrique échappe à toute tentative de systématisation. Ses textes, hérissés de termes techniques, empruntés à la mystique du Yoga, ses rites, ses pratiques magiques se réclament toujours du Bouddhisme. « On oublie que le Bouddhisme n'est pas séparable des bouddhistes, remarque très justement M. de la Vallée Poussin et que les hindous bouddhistes étaient volontiers idolâtres, superstitieux et métaphysiciens »; et M. de la Vallée Poussin de conclure à la nécessité d'une exacte évaluation des « rapports qui existent entre les systèmes philosophiques du Bouddhisme et les doctrines du Brahmanisme (1), entre les yogins du Râja-yoga et les Yogâcâras, entre les Tantras bouddhiques et les Tantras çivaïtes ou sans qualification religieuse ». Le labeur patient et sagace de sir John Woodroffe (Arthur Avalon) facilitera ce genre d'études et modifiera, nous n'en doutons pas, dans un sens plus favorable, les jugements portés sur les Tantras bouddhiques. Là encore, il convient de séparer les élus, qui trouvent le salut « dans la réalisation même *(sâdhana)* d'états qui les assimilent à l'absolu » (2), des masses ignorantes attachées aux pratiques grossières d'une démonologie sensuelle.

(1) XVIII, p. 6.
(2) XXVI, p. 58.

CHAPITRE II

LES PREMIERS MONUMENTS BOUDDHIQUES

§ 1. *Rummindeî et Sârnâth.*

Les premiers monuments de l'Inde bouddhique remontent au règne de l'empereur Açoka (274-237 av. J.-C.) Ce sont, pour la plupart, des piliers à chapiteaux campanulés sur lesquels le monarque, zélé propagateur et régulateur de la foi bouddhique, avait fait graver de pieuses exhortations ou des indications relatives aux principaux événements de la vie du Bouddha. Nous avons déjà fait allusion, au début même de cette étude, au pilier de Rummindeî qui marque l'emplacement précis du jardin Lumbinî, le lieu même de la naissance du Bouddha Çâkya-muni. D'autres monuments de la même époque sont surmontés d'un chapiteau campanulé, parfois pourvu d'une abaque ornée et de lions adossés (pilier de Sârnâth). L'ensemble forme un complexe irano-hellénisant élaboré dans la satrapie de Bactriane et transmis à l'empire Maurya (1). D'autres monuments sollicitent, plus directement encore, l'attention de l'archéologue : nous voulons parler des *stûpas*, ces mouvements funéraires qui abritaient, sous leur dôme hémisphérique, les reliques du Bienheureux.

§ 2. *Bhârhut et Sânchî.*

Les *stûpas* de Bhârhut et de Sânchî, tous deux situés dans l'Inde centrale, fournissent à l'iconographe, aussi bien qu'à l'historien de l'art, une documentation particulièrement

(1) XXXIV, p. 622-626.

précieuse. Bhârhut est plus ancien que Sânchî ; là, se développe un style nettement épisodique, éloigné de tout effet
spatial, sollicitant l'observateur par une mise en œuvre
d'éléments quasi-linéaires, purement descriptifs, et non par
les suggestions d'une technique habile à rendre les apparences
de la réalité vivante. Cet art, strictement limité dans ses
moyens d'expression, ignore les nouveautés d'origine étrangère : griffons ailés, palmettes, centaures, tritons, monstres
ailés, librement admis à Sânchî et à Bodh-Gayâ. Nous
saisissons à Sânchî (env. Ier siècle av. J.-C.), mieux que partout
ailleurs, les tendances progressivement réalistes de cet art
originairement schématique et descriptif.

Nous accorderons une attention toute spéciale aux quatre
portes (*toraṇa*), qui flanquent la balustrade de pierre et
apparaissent comme des répliques fidèles de monuments
originairement construits en bois. Deux piliers carrés, hauts
de quatre mètres, supportent des chapiteaux ornés de lions
(porte méridionale), d'éléphants (porte orientale, porte septentrionale) et de *yakṣas* (porte occidentale). Trois architraves débordantes, séparées par des motifs pittoresques en
forme de dés, reposent sur cette assise. Des figures féminines,
placées sur le côté extérieur du jambage (porte orientale et
porte septentrionale) servent de trait d'union entre la base
du chapiteau et l'extrémité de l'architrave inférieure. Des
bas-reliefs couvrent les faces internes et externes des piliers,
ainsi que les deux faces des architraves.

La porte méridionale serait la plus ancienne ; viendraient
ensuite, dans l'ordre de leur construction, les portes du nord,
de l'est et de l'ouest. Une comparaison, instituée par
sir John Marshall, montre très nettement les tendances de
plus en plus réalistes de l'école de Sânchî ; cette comparaison
porte sur deux bas-reliefs, représentant l'histoire de l'éléphant
à six défenses, figurant, l'un sur la face interne de l'architrave médiane de la porte méridionale, l'autre sur la face
externe de l'architrave inférieure de la porte occidentale (1).
Alors que les figures de la porte méridionale, la plus ancienne,

____

(1) XXXIV, pl. XXIII, 61, 62.

« se trouvent encore sur un plan, toutes également distinctes
et de relief peu accentué, la même scène est traitée », dans le
second cas, avec infiniment plus de liberté ; « feuilles et fleurs
sont de dimensions normales, l'eau est rendue par des lignes
ondoyantes, le banyan est l'objet d'un traitement réaliste, le
modelé des éléphants est plus élaboré, et, bien que les
figures soient rigoureusement tenues sur un plan, le relief,
plus accentué, détermine de robustes contrastes de lumière
et d'ombre, donnant l'illusion d'un rendu en profondeur » (1).
Cette recherche du réalisme plastique fait de l'art indien des
environs de l'ère chrétienne, destiné à exalter la religion du
renoncement, une manifestation particulièrement convaincante
des beautés et des joies de la vie. De la porte du sud à la
porte de l'ouest, le contraste s'accuse entre le schématisme
descriptif des débuts et la grâce sensible du plein épanouis-
sement. Quant à la porte orientale, plus spécialement étudiée
par M. Alfred Foucher (2), elle représente, semble-t-il, un
élément de transition, joignant à la qualité du style un
véritable intérêt iconographique.

Les inscriptions de Sânchî ne fournissent que des indications relatives à l'état-civil des donateurs, et comme, d'autre
part, les bas-reliefs de Bhârhut, munis d'inscriptions explicatives, sont en majeure partie consacrés à la représentation
des Jâtakas, c'est-à-dire des récits des existences antérieures
des Bouddhas — ce qui n'apporte aucune indication utile au
déchiffrement des scènes de la vie du Bouddha représentées à
Sânchî — la perspicacité des archéologues peut se donner
libre cours.

A Bhârhut, le Bodhisattva apparaît tantôt sous la forme
humaine, tantôt sous la forme d'un animal. Sânchî ne nous
révèle par contre aucune représentation de la personne
physique du Bouddha. La perspicacité de M. A. Foucher,
guidée par une connaissance approfondie des textes, vint
rapidement à bout de cette énigme : le Bouddha était bien
représenté, mais sous les apparences d'un substitut symbo-
lique. Il semble que les bons artisans de Sânchî aient hésité

(1) XXXIV, p. 631.
(2) IX.

à représenter un être disparu sans retour et libéré à tout jamais du lien formel par son accession au *nirvâna*.

Des représentations communes à Bhârhut et à Sânchî, en l'espèce des trônes vides, placés sous des arbres, entre des adorateurs divins et humains, fournissent la matière de la première identification. A Bhârhut chacun de ces arbres « porte, comme sur un écriteau, le nom du Bouddha dont il évoque le souvenir, et ainsi nous ne pouvons plus douter que l'intention de ces vieux imagiers ne fut bien de représenter les sept Illuminés du passé parmi les sept arbres sous lesquels ils s'assirent pour atteindre l'Illumination » (1).

« En suivant toujours la même piste, ajoute M. Foucher, nous apprendrons à reconnaître, après le symbolisme de l'arbre, qui désigne l'arrivée du Bouddha à la Sambodhi, celui de la roue qui signifie sa prédication et enfin celui du *stûpa* ou tumulus qui est l'emblème de son *parinirvâna*. »

L'arbre de la Bodhi évoque également un épisode de trois siècles postérieur au *nirvâna* du Bouddha, la visite de l'empereur Açoka à l'arbre de la Bodhi. L'arbre, desséché par le maléfice de Tiṣyarakṣita, favorite de l'empereur, revint à la vie, après que le monarque l'eut arrosé d'eau de senteur (porte est, façade antérieure, architrave inférieure).

Sur le dé placé à gauche, entre l'architrave inférieure et l'architrave médiane de la face antérieure de la porte orientale, figure une représentation de la première prédication : la roue (*cakra*) de la loi placée sous le parasol, emblème de la royauté.

Sur la façade postérieure de l'architrave médiane de la même porte figure une représentation du Jâtaka de l'éléphant à six défenses. « En secouant un arbre, cet éléphant a, sans le vouloir, fait tomber fleurs, pollen et pousses vertes sur la première épouse qui était sous le vent, tandis que la seconde qui était au vent, n'a reçu pour sa part que feuilles mortes, brindilles de bois et fourmis rouges. Dans sa fureur jalouse celle-ci se laisse mourir de faim en formant le vœu de renaître femme et de devenir reine de Bénarès. A peine ce dernier

____

(1) IX, p. 172.

souhait est-il accompli qu'elle charge de sa vengeance le plus habile chasseur de la contrée. Caché au fond d'une fosse, celui-ci décoche au ventre de l'éléphant une flèche empoisonnée » (1).

Voici, un peu plus loin (porte nord, face postérieure, architrave inférieure), l'ermitage du ṛṣi Unicorne, qui, abusé par les artifices d'une courtisane (ou d'une fille de roi), perd le bénéfice des mérites spirituels et de son pouvoir magique (2).

Sur la face antérieure de la même architrave figure un épisode de l'histoire de Viçvantara, le prince charitable, qui, après avoir distribué ses richesses, abandonne à un brahmane sa femme et ses deux enfants.

Nous avons fait, par ailleurs, une brève allusion à cette figure féminine qui inscrit les lignes harmonieuses de son jeune corps dans l'angle formé par la face externe du jambage gauche et l'extrémité de l'architrave inférieure de la porte orientale. Cette forme exprime avec un rare bonheur la grâce naïve et sensuelle de l'ancien art indien. Cet optimisme naïf qui pousse son exubérance joyeuse au seuil même d'un édifice voué à la glorification de celui qui prêcha une loi de désabusement et de renoncement, nous montre à quel point cet art était malhabile à rendre tout ce qui dépassait le pittoresque des attitudes et des formes; aussi la sécheresse du symbolisme de la roue, de l'arbre et du stûpa, nous apparaît-elle comme une superfétation maladroite, sans lien avec les scènes vivantes qui l'entourent.

(1) XI, p. 112.
(2) XI, p. 128.

CHAPITRE III

L'ART GRÉCO-INDIEN

§ 1. *Considérations générales.*

Des substituts symboliques, il nous faut passer maintenant aux premières représentations de la personne physique du Bouddha. Il ne suffit pas, pour entrer dans le vif du sujet, de rappeler l'éphémère conquête de l'Inde par Alexandre, mais il convient plutôt d'évoquer l'effondrement de la dynastie des Mauryas et la fortune indienne d'un dynaste hellénisé qui, aux environs de l'an 200 avant notre ère, se rendit maître de toute l'Inde du Nord : privéde ses domaines de Bactriane par la révolte d'Eukratidès, Démétrios ne conserva que ses possessions indiennes.

Les événements politiques contribuaient ainsi à fixer, aux limites de l'Inde, ces influences irano-hellénistiques qui transitaient librement par la Bactriane hellénisée. Que la communauté bouddhique, installée dans l'Inde du Nord dès le milieu du IIIe siècle avant notre ère, ait accueilli dans son sein quelques Yavanas (Grecs) férus d'exotisme, le fait semble vraisemblable à M. Foucher. « L'aisance avec laquelle les Yavanas établis dans le pays ont été accueillis dans le sein de la communauté reste, en dernière analyse, la meilleure explication qu'on puisse donner de l'union si intime et apparemment si exclusive, qui s'est formée au Gandhâra entre l'art grec et la religion bouddhique (1). » M. Foucher va même jusqu'à dénoncer l'auteur responsable du compromis gréco-indien.

____

(1) VII, p. 458.

« C'est évidemment dans l'imagination d'un Eurasien, artiste par son père grec, bouddhiste par sa mère indienne, que se combineront le mieux les deux traditions, de même que c'est sous son ciseau que se marieront le plus harmonieusement les deux techniques. A sculptures hybrides, sculpteurs métis ; et, de fait, nous avons de fortes raisons de penser que tels furent bien les auteurs responsables de la majeure partie des œuvres gandhâriennes » (1). Le reliquaire découvert en 1909 dans la banlieue de Peschawar par sir John Marshall et M. Spooner porte « en pointillé le nom et en repoussé l'image de Kaniṣka, l'un parfaitement lisible et l'autre tout à fait ressemblante... » Sa facture dénote un art déjà stéréotypé et cette stylisation se marque notamment dans le Bouddha assis entre deux divinités debout tant sur la panse que sur le couvercle. Ce document votif suffit donc pour reporter d'au moins cent ans en arrière et faire par suite remonter au Ier siècle avant notre ère la création du type plastique du Bienheureux » (2).

§ 2. *Le Bouddha gréco-indien.*

Le Bouddha gandhârien se présente sous l'aspect d'un personnage chevelu drapé à la grecque dans le manteau monastique (*saṅghâti*), dépouillé de ses parures, mais reconnaissable à quelques particularités physiques empruntées à la liste bien connue des trente-deux signes principaux (*lakṣaṇa*) et des quatre-vingts signes secondaires (*anuvyañjana*), indices physiognomoniques qui caractérisent le grand homme (*mahâpuruṣa*). L'*uṣnîṣa*, sorte de protubérance crânienne complètement recouverte par la chevelure, représente un traitement aberrant du *crobylos*, résultant d'une interprétation erronée du composé « *uṣnîṣacirça* » « avec la tête comme un turban » qu'on applique à celui « qui a la tête parfaitement conformée ». Cette expression peut d'ailleurs être glosée par un terme emprunté à la liste des quatre-vingts signes secondaires : « *paripûrṇottamâṅga* » « ayant le chef pleinement déve-

(1) VII, p. 467.
(2) X, p. 261.

loppé (1) ». La substitution d'une protubérance, tout d'abord recouverte de cheveux ondés (2), à la touffe ramenée sur le sommet de la tête (*crobylos*), est à l'origine de l'équivalence généralement admise *uṣnîṣa* — protubérance crânienne. Les ateliers gréco-indiens de Taxila substituent déjà, dans leurs dernières productions (IVᵉ-Vᵉ siècle), les cheveux bouclés aux cheveux ondés et sanctionnent, par la même, la nouvelle valeur sémantique du terme *uṣnîṣa* (3).

Notons aussi le lobe distendu de l'oreille, particularité qui rappelle, mieux que ne saurait le faire l'*uṣnîṣa*, la condition première du Bodhisattva, personnage princier chargé de parures et de lourds pendants d'oreilles. L'*ûrṇâ* se place entre les deux sourcils, et affecte, dans les sculptures, la forme d'une lentille. C'est, en fait, si nous nous reportons au passage du Lalita-vistara cité par M. Foucher (4), une petite touffe laineuse placée entre les sourcils.

Le Bouddha est fréquemment drapé dans le grand manteau monastique (*sanghâti*) ; ce manteau forme, avec le vêtement de dessous (*antaravâsaka*) et le vêtement de dessus le *tri-cîvara*. Les statues sanctionnent ainsi la licence, assez tardivement admise, de trois pièces d'étoffe substituées au *pamçukûla*, linceul ramassé dans les lieux de crémation et utilisé comme vêtement par les moines (5).

§ 3. *Le Bodhisattva gréco-indien.*

Les sculpteurs du Gandhâra passent, avec une rapidité désinvolte, d'un Bodhisattva encore orné de ses parures au Bouddha revêtu de l'habit monastique. Par contre, l'Ecole indienne de Mathurâ semble avoir représenté le Bodhisattva déjà gagné aux idées de renoncement et engagé dans la voie

(1) VI, pp. 291-292.
(2) IV, p. 59.
(3) XXV, pl. Vf; XXIII, pl. 42a.
(4) XVI, p. 105, p. 107.
(5) XXXII, p. 494.

qui doit le conduire à la Bodhi (1). L'école du Gandhâra semble ignorer « que les textes du Nord emploient pour la période intermédiaire où il a cessé d'être le Bodhisattva Siddhârta et n'est pas encore devenu le Bouddha Çâkya-muni, une troisième appellation distincte, à savoir celle de *çramaṇa* Gautama. Les sculptures, pour correspondre à ces trois noms, ne peuvent exhiber *grosso modo* que deux formes, l'une de Bodhisattva et l'autre de Bouddha. Il en résulte que, pendant toute la période qui s'écoule entre le définitif départ et l'Illumination décisive (en termes techniques, entre l'*abhiniṣ-kramaṇa* et l'*abhisambodhana*), bien que le « religieux Gautama » ne soit encore qu'un Bodhisattva au point de vue théologique, il est déjà, iconographiquement parlant, un Bouddha » (2). Le Bodhisattva sans turban du sommeil des femmes est donc la dernière manifestation mondaine précédant le cycle de l'Illumination. Le Prédestiné est assis sur le lit, sa jambe droite pend, emprisonnée dans le vêtement inférieur aux plis froncés et creusés (3); la jambe gauche repliée repose sur le lit. Un bas-relief de Yun-Kang (grotte II, n° 211) (Chine septentrionale) représente le Bodhisattva dans cette même scène du sommeil des femmes. Bien que déplacé légèrement vers le pied du lit, il observe la même attitude : la main gauche retient la jambe droite repliée, le bras droit accoudé soutient légèrement la tête, accusant le caractère plus nettement méditatif de l'attitude. Cette légère modification mise à part, le type du Bodhisattva méditant se fixe; autour de lui les formes corporelles s'évanouissent, il se détache du bas-relief pour être traité en ronde bosse, et s'impose, toujours semblable à l'archétype gandhârien, en Chine, au Turkestan, au Japon, où il devient la représentation classique du Bodhisattva Avalokiteçvara.

Le Gandhâra ne paraît pas s'être limité à la représentation d'un seul type de Bodhisattva; M. Foucher reconnaît également Maitreya, le Bouddha futur, dans le personnage

(1) XXXVI, p. 38-39, pl. III, 2.
(2) V, p. 369-370.
(3) VI, p. 297.

« au chignon plus ou moins emperlé tenant un flacon » dont on connaît de nombreuses répliques (1), et qui apparaît sur un fragment de bas-relief représentant deux figurants d'un alignement de Bouddhas (Musée Guimet n° 1); nous verrons que sir John Marshall a identifié Avalokiteçvara (Padmapâṇi) sur un bas-relief de Taxila, datant du IVe ou du début du Ve siècle. M. Foucher hésite à reconnaître le grand Bodhisattva sur des documents plus anciens. « A la vérité, dit-il, nous avons vu le lotus remplacer — et avec quelle aisance! — le flacon, dont il a sensiblement la forme, dans la main du Bodhisattva méditant ou seulement pensif : décréterons-nous aussitôt qu'il est déjà l'indice d'Avalokiteçvara dit le Padma-pâṇi « celui qui tient un lotus à la main »? Assurément rien ne nous en empêche : le pis est que rien ne nous y autorise non plus » (2).

Il reste tout au moins établi qu'un personnage princier, marqué ou non de l'urnâ, peut être un Bodhisattva (Musée Guimet n° 2), mais le Gandhâra n'a pas encore réuni et systématisé les éléments de différenciation qui, dans l'iconographie postérieure, facilitent la besogne d'identification de l'archéologue.

§ 4. *Divinités gréco-indiennes.*

Les rois gardiens des quatre points de l'espace participent de cette indétermination; ce ne sont, dans la scène de l'offrande des quatre bols, que des divinités banales : « nulle part le sculpteur n'a tenté de donner à chacun de ces quatre personnages une physionomie un peu originale » (3).

En revanche, le *yakṣa* Pañcika, général en chef (*senâpati*) du roi gardien de la région septentrionale (Vaiçravaṇa), tient d'une main la bourse et de l'autre la courte lance, il s'efface peu à peu devant son chef, le roi gardien Vaiçravaṇa, qui prend à son compte une partie des exploits de son général.

(1) VI, fig. 418-422.
(2) VI, p. 236-237.
(3) V, p. 418, fig. 210, p. 417.

Gandhâra. — Bodhisattva.

Au Turkestan, Vaiçravaṇa est déjà un guerrier redoutable, et,
comme le fait très justement observer M. Foucher, « la conta-
mination des deux personnages, roi gardien et général, est
chose accomplie », à tel point que Vaiçravaṇa, roi gardien du
nord, est toujours armé de la lance, tandis que Kuvera, son
doublet, tient simplement la bourse taillée dans une peau de
mangouste ou la mangouste crachant des perles.

Il nous reste à étudier un autre personnage, sorte de garde
du corps, qui se tient constamment aux côtés du Bouddha,
porteur d'un attribut caractéristique, le *vajra* (foudre) qui,
dans les représentations gandhâriennes, « devient une simple
masse d'armes qu'on saisissait par le milieu, à la façon des
haltères » cet objet se présente « sous l'aspect d'une sorte de
double pilon, renflé aux deux extrémités, et ordinairement
arrondi, parfois aussi pourvu d'arêtes, mais non plus de ces
pointes qu'on lui voit encore à Sânchî ». Quel que soit son
aspect, Vajrapâṇi se tient aux côtés du Bouddha comme « le
licteur flanquant, faisceau en main, le personnage consu-
laire » (1). Le fragment qui figure au Musée Guimet représente vraisemblablement un Vajrapâṇi-Zeus tenant son foudre
appuyé, par son extrémité inférieure, sur la paume de sa main
gauche.

Cette étude rapide nous a permis de dégager les principaux
types iconographiques dont nous nous proposons de suivre
les transformations tibétaines, chinoises et japonaises. Il nous
reste maintenant à examiner, dans le détail, quelques bas-
reliefs représentant des scènes de la vie du Bouddha.

§ 5. *Les scènes biographiques dans l'art gréco-indien.*

Nous avons déjà fait allusion à la scène bien connue du
sommeil des femmes et nous nous sommes efforcé de montrer
que le personnage du Bodhisattva méditant est devenu l'un
des grands modèles de la statuaire bouddhique, il nous faut
passer maintenant à l'examen d'une variante de cette scène.

(1) VI, p. 58.

La méditation s'achève, la résolution du Bodhisattva est prise : il va quitter le palais ; Chandaka, l'écuyer, amène le bon cheval Kanthaka au seuil même de la chambre (1), et s'apprête à remettre au Bodhisattva le turban dont celui-ci se couvrira la tête. A la droite du spectateur se tient, appuyée sur sa lance, l'amazone de garde. Il semble que l'artisan l'ait à dessein, et pour ménager la vraisemblance, tenue à l'écart de cette scène en la plaçant dans une petite niche, isolement propice, qui la dispense d'intervenir pour troubler les projets du Bodhisattva. (Musée Guimet n° 3).

Le Bodhisattva se met en quête d'un précepteur spirituel ; il trouve, assis près d'une hutte de branchages le maître Ârâda Kâlâpa. « Je voudrais, ô Ârâda Kâlâpa, mener la vie d'étudiant brahmanique. » Et le maître de répondre : « Mène-la donc, ô Gautama. » M. Foucher fait remarquer qu'un second maître, nommé Udraka, est également mentionné et que le Divyâvadâna paraît admettre la possibilité d'une scène unique à double entente, quand il réunit les deux noms d'Udraka et d'Ârâda comme sous une même étiquette, dans un composé au singulier » (2) (Musée Guimet n° 4).

L'Illumination atteinte, le Bouddha prêche sa loi et voit venir à lui un grand nombre d'adeptes ; c'est sans doute une scène de ce genre qui est représentée sur un fragment de bas-relief de la collection du Musée Guimet (n° 5) ; quatre fidèles laïques se tiennent, les mains jointes, devant le Bouddha qui semble leur adresser une exhortation. Un autre bas-relief, de facture plus grossière, met en scène des brahmanes, aux longues barbes et aux chignons caractéristiques (n° 6), qui s'approchent déférents et soumis du trône de Bouddha.

Un dernier bas-relief (Musée Guimet n° 7), représente quatre donateurs (*dânapâti*), usurpant la place qui est ordinairement réservée aux dieux et aux disciples. Cette éviction des dieux au profit de simples mortels semble avoir été réalisée progressivement. Tout d'abord — et c'est le cas pour le fameux piédestal inscrit de Hashtnagar — le donateur

(1) V, p. 353.
(2) V. p. 375.

Gandhâra. — *a*) Le sommeil des femmes et préparatifs de départ.
b) Scène guerrière.

simplement introduit en surnombre par la gauche, ne fait
qu'assister à la scène en spectateur édifié. Mais bientôt,
remarque M. Foucher, (1) «les clients assument sans vergogne
le rôle des dieux ; il est clair qu'Indra et Brahmâ ont du leur
céder la place sur l'*adhyeṣaṇa* (invitation) de la figure 347*b*,
comme sur le *samcodana* (instigation) des figures 347*a*,
348 et 456 ».

§ 6. *L'art gréco-indien et la critique moderne.*

Qu'une partie de l'Inde bouddhique ait emprunté toute
une série de motifs stéréotypés au répertoire particulièrement
riche de la statuaire hellénisante de l'Asie antérieure, nul ne
songe plus à le nier ; mais quelques auteurs (2) se représentent
volontiers ce placage d'un poncif occidental sur des données
indiennes comme un incident sans grande portée. Sir John
Marshall est d'avis que l'art gandhârien n'a jamais exercé, en
dépit de sa large diffusion, d'emprise durable sur l'Inde (3) :
le génie grec et le génie indou n'étant à aucun degré conci-
liables. La communauté bouddhique du Nord-Ouest a cependant adopté le compromis gréco-indien ; elle n'y a vu,
semble-t-il, qu'un simple moyen d'édification, propre à lui
rallier le suffrage de la foule. Aussi bien les discussions
d'ordre esthétique instituées ces temps derniers sont-elles
superflues : les productions des ateliers grandhâriens n'ont
jamais constitué qu'un moyen d'enseignement et de propagande. Suscités par les besoins de ce prosélytisme actif, les
monuments ont partagé la fortune et les revers du Bouddhisme ; c'est ainsi que nous verrons disparaître, ensevelis
dans les sables du Turkestan, les derniers vestiges de l'art
gréco-indien ; pour l'Inde, elle reviendra délibérément aux
enseignements de ses écoles nationales.

(1) VI, fig. 346, VII, fig. 479.
(2) III, IV, XVII.
(3) XXXIV, p. 648-649.

§ 7. *Les dernières œuvres gréco-indiennes, les œuvres des coroplastes du Turkestan.*

Située entre l'Indus et la Vitâsta (Jhilam), sur la grande route commerciale qui unissait l'Hindoustan à l'Asie centrale, Taxila (Takṣaçilâ) était particulièrement florissante à l'époque d'Alexandre le Grand. Au Vᵉ siècle de notre ère, les monastères de Mohṛâ Morâdu et de Jauliâñ groupaient encore une nombreuse population de moines. Le site de Taxila, fouillé méthodiquement par les équipes du service archéologique de l'Inde, sous la direction de Sir John Marshall, a livré un ensemble de documents du plus haut intérêt, traits d'union entre les sculptures gandhâriennes des Iᵉʳ et IIᵉ siècles de notre ère, et les œuvres plus tardives des coroplastes du Turkestan (Tumshuq et Yotkân). La trouvaille n'est pas pour nous surprendre : nous savions que des barbares, Scythes et Parthes, avaient prolongé l'existence des poncifs hellénisants ; que les Yue-tche, nouveaux envahisseurs, avaient favorisé, avec le Bouddhisme, des thèmes iconographiques dont la valeur épisodique s'affaiblissait graduellement. Au Vᵉ siècle, d'autres envahisseurs, moins accommodants, les Ephtalites ou Huns blancs, portèrent le dernier coup à l'art gréco-indien moribond. Toramâṇa, le chef des barbares, mourut en 510 ; son fils Mihiragula se fixa dans le Panjab, à Sâkala (la moderne Sialkot). Détruite par les envahisseurs, Taxila ne se releva jamais complètement de ses ruines.

De Moṛhâ Morâdu et de Jauliâñ, sir John Marshall a tiré des monuments du IVᵉ et du Vᵉ siècle ; le stuc, le *kañjur*, sorte de pierre calcaire très tendre, l'argile séchée se sont substitués au schiste bleu du Gandhâra. Les scènes biographiques font place à des Bouddhas isolés ou accostés de Bodhisattvas ; enfin, on voit apparaître sur un haut-relief ornant le soubassement d'un stûpa de Mohṛâ Moṛâdu (1), le Bodhisattva Avalokiteçvara porteur du lotus (Padmapâṇi),

____

(1) XXIV, pl. XXII.

Gandhâra. — *a*) Concert donné à un roi nâga.
b) Scène d'adoration.

Gandhâra. — Scène de conversion.

l'être miséricordieux qui assume la tâche très lourde de secourir l'humanité. Cette innovation n'a d'ailleurs rien qui puisse surprendre, si l'on veut bien songer que le pèlerin chinois Fa-hian avait noté que le culte d'Avalokiteçvara était en faveur à Mathurâ dès le commencement du Ve siècle (1). A Mohṛâ Morâdu, le Bodhisattva Avalokiteçvara est placé à la gauche du Bouddha ; des fragments de ces petites figurines et des nimbes attestent que le Bouddha central était entouré d'un grand nombre d'assistants. Ce dispositif nouveau : Bouddha ou Bodhisattva accosté de deux assistants et entouré d'un grand nombre de divinités de petite taille, remplace à peu près complètement les scènes biographiques. Bien que la matière employée diffère notablement ; les statues de Jauliâñ restent, dans une très large mesure, apparentées au style gandhârien ; les plis du manteau monastique sont cependant moins creusés et l'adhérence au corps plus accentuée vers les épaules et le sein gauche, ce qui confère au torse ces qualités plastiques qui se sont révélées si nettes dans les productions des ateliers guptas. Chez les Bodhisattvas, encore plus dévêtus par l'effet de cette adhérence, le modelé des cuisses s'accuse, tandis que les plis du vêtement inférieur, traités avec infiniment de légèreté, marquent une tendance au schématisme. Virtuosité hellénisante alliée à des recherches décoratives laissant déjà pressentir les développements « logiques » de la statuaire Wei (2), telles sont les caractéristiques de ce style de transition.

Les corps étaient, dans la plupart des cas, modelés *in situ* ; quant aux têtes, moulées ou modelées dans les ateliers voisins, elles étaient ensuite ajustées sur les corps. M. Foucher, qui a tout particulièrement étudié les fragments d'argile et de stuc découverts à Jauliâñ par sir John Marshall (3), établit que les têtes ont tout d'abord été moulées, et que les parties les plus délicates, telles que la chevelure, les oreilles, les parures, ont été traitées librement et terminées au ciseau. Une comparaison portant sur différentes têtes du même type,

(1) XXV, pl XIX.
(2) *Id.*
(3) XII.

permet de découvrir des nuances assez perceptibles dans le traitement des détails terminés au ciseau, alors que le nez, les lèvres et les yeux accusent, par leur étroite ressemblance, l'emploi du moule ; nous aboutissons ainsi à une véritable fabrication en série. L'examen de deux pièces découvertes, l'une, par sir John Marshall, à proximité du *stûpa* Dharmarâjika (1), l'autre, par M. Paul Pelliot à Tumshuq est, à cet égard, concluant. Dans les deux cas, nous nous trouvons en présence de masques obtenus par la compression d'une certaine quantité d'argile entre les deux faces d'un moule ; la pénétration de la matière plastique étant assurée par la pression exercée par le moule postérieur. Le masque nous est parvenu à l'état brut, exempt de toute retouche : l'arc régulier des sourcils, souligné par des arêtes vives, le globe de l'œil très bombé, le front lisse et rond, les fossettes, très apparentes, fixant le sourire, accusent également l'emploi du moule ; peut-être même de formes en stuc semblables à celle qui fut découverte à Schor-shuq, par M. von Le Coq (2). Les autres pièces présentent des variantes intéressantes, particulièrement dans le traitement de la chevelure. On retrouve, tout d'abord, les ondes sinueuses et le chignon très apparent, si fréquents dans les statues gandhâriennes (Dharmarâjikâ, pl. III, g), puis des ondes plus courtes. Ailleurs, la chevelure est simplement indiquée par un tracé schématique en creux. On voit apparaître enfin, détail intéressant à noter, des boucles courtes, régulièrement tournées vers la droite (2), qui constituent le traitement régulier de la chevelure dans l'iconographie bouddhique postérieure ; par là s'affirme l'influence des ateliers guptas de Bénarès sur les dernières productions de l'art gréco-indien.

Taxila et Tumshuq nous ont également révélé une série de types très différents d'aspect : Bodhisattvas, *devatâs* et dignitaires laïques qu'il est assez difficile de distinguer les uns des autres, barbares (*mleccha*), à la chevelure disposée en bourrelet sous le bonnet conique, aux fines moustaches encadrées

(1) XXV, p. g., pl. III, d.
(2) XXV, pl. XX, XXIII ; XXIII, pl. XLII.

Turkestan (Tumshuq). — Tête de devatâ (Mission Pelliot).

Turkestan (Tumshuq). — Tête de yaksa (Mission Pelliot).

d'une barbe en collier, remplacée à Yotkân (Mission Dutreuil de Rhins-Grenard) par un maigre tracé stylisé en palmettes.

D'autres têtes au type très accusé, pommettes saillantes, bouche contractée, sourcils divergents, yeux ronds, sont intermédiaires entre le barbare (*mleccha*) et les génies porteurs du foudre (Vajrapâṇi), assesseurs d'Avalokiteçvara dans les panthéons d'Asie centrale. Il suffit, pour se rendre compte de cette parenté, de remarquer les yeux ronds et exhorbités, les sourcils divergents d'un Vajrapâṇi bleu qui se trouve à la partie inférieure de l'une des fresques du temple 9 de Bäzäklik. Tumshuq nous livre enfin un certain nombre de têtes de mort grimaçantes et de visages émaciés, vraies figures de damnés faméliques (*preta*) qui portent, sur chacune des joues, les traces du pouce du modeleur. Le site de Yotkân (Mission Dutreuil de Rhins-Grenard) nous livre encore quelques types intéressants : la porteuse de guirlande, directement inspirée d'un archétype gandhârien, la tête de lion, plus iranienne qu'hellénisante, les chameaux bactriens, si abondants dans la collection acquise par sir Aurel Stein, enfin toute une série de décors à grappes, de décors floraux et géométriques d'inspiration gandhârienne.

IIᵉ PARTIE. — LE TURKESTAN

—

CHAPITRE PREMIER

TOURFAN

§ 1. *Généralités.*

Si nous avons pu assurer une liaison étroite entre les
œuvres des coroplastes du Turkestan et les dernières productions des ateliers gréco-indiens, c'est, convenons-en,
grâce à l'heureux résultat des fouilles exécutées par sir John
Marshall sur l'emplacement de Taxila. Il est regrettable que
ce même site de Taxila ne nous ait pas livré de peintures
votives. Cette pénurie de documents gandhâriens nous oblige
à pénétrer très avant dans le Turkestan pour trouver des
documents susceptibles d'être comparés avec nos peintures
votives des *ts'ien-fo-tong* de Touen-houang.

Tourfân est le nom moderne d'une oasis qui renferme un
grand nombre de ruines, visitées à diverses reprises par des
missions archéologiques. Le nom ancien de Tourfân, Kao-
tch'ang, correspondrait, d'après M. Pelliot, au turc Chotscho.
Des Sogdiens, de race iranienne, auraient été les premiers
habitants de cette région. Des princes Avares (Jouan-
jouan) y furent les maîtres jusqu'au Vᵉ siècle ; mais, un siècle
plus tard, la Chine s'y établissait fortement par suite de
l'accession au pouvoir de la famille K'iu. Les documents

publiés par la mission japonaise (1), remontent à la période
d'influence chinoise qui englobe également les premières
années de la domination ouïgoure. Aussi bien M. Henri
Maspero fait-il très justement observer (2), que les Turcs
ouïgoures, les nouveaux maîtres de Tourfân, « suivaient la
mode chinoise jusque dans ses changements et qu'ils avaient
adopté pour leur costume officiel le vêtement à col rond des
Song au lieu du vêtement croisé sur la poitrine des T'ang ».
La domination des Turcs ouïgoures fut d'ailleurs de courte
durée : en 843, leur puissance, déjà menacée depuis plusieurs
années, s'effondrait sous les coups des Kirghizes.

§ 2. *Les fresques de Bäʒäklik.*

Des fresques du temple 9 de Bäzäklik, publiées par M. von
Le Coq, nous retiendrons plus spécialement le fragment
reproduit sur la planche 32; ce document a d'ailleurs sollicité
et retenu l'attention de M. Wachsberger (3). Bien que très
incomplet — la partie supérieure a disparu sous le choc
répété des masses de sable soulevées par le vent — le sujet
de la composition se laisse facilement identifier. Il s'agit, à
n'en pas douter, d'un *parivara* d'Avalokiteçvara. Deux personnages placés aux extrémités de la composition attirent
tout d'abord l'attention. Ces porteurs du foudre, à la chevelure
hérissée, donnent nettement l'impression d'être placés en
avant de la composition. Le trompe l'œil est dû à un renforcement outrancier du volume des musculatures, réalisé par
l'emploi bien réglé d'un jeu de teintes foncées et claires, procédé
qui n'est pas dans la manière habituelle des peintres chinois.
L'illusion du volume est complétée par un emploi assez judi-
cieux de la ligne modelante. Ces deux personnages — la tonalité
crue des flammes qui les entourent accentue cette impression —
semblent évoluer sur un plan différent. Ce trompe-l'œil se

(1) XLII.
(2) XLI, p. 57-64.
(3) XLIX.

justifie d'ailleurs par l'iconographie, si l'on veut bien considérer que, dans la statuaire, ces Vajrapâṇi sont toujours placés en avant des Bouddhas et des Bodhisattvas dont ils sont les gardes du corps. Les lignes intérieures accentuent jusqu'au schématisme la saillie des ossatures. Ce procédé, ajouté au traitement déjà analysé des musculatures, conduit rapidement au poncif; il suffit, pour vérifier cette assertion, de jeter les yeux sur certains gardiens de portes (*dvarapâla*) japonais dont la musculature n'est plus qu'un chapelet de nodosités. L'œil rond, la pupille dilatée, les sourcils divergents, la lèvre inférieure recouvrant la lèvre supérieure, complètent cette impression de colère sacrée que donne déjà le corps contracté par un violent effort musculaire. Le Vajrapâṇi qui se trouve placé à la droite du spectateur semble menacer, beaucoup plus efficacement que ne le fait son compagnon, un petit personnage à tête de sanglier agenouillé devant lui; ce petit démon est traité très légèrement en teintes plates, quant aux lignes intérieures, elles sont réduites au tracé des rotules et des articulations huméro-cubitales, simplement représentées par de petits cercles.

Nos deux Vajrapâṇi marquent très nettement la transition entre les représentations en ronde-bosse et la peinture décorative en surface. Ce souci constant du trompe-l'œil plastique, hantise des décorateurs des grottes, les incitait à unifier leur programme décoratif en combinant les ressources de la peinture et de la sculpture, ce que font, de nos jours, les peintres de panoramas. Touen-houang nous offre quelques exemples de solutions mixtes assez curieuses : l'une d'elles consiste à peindre le corps d'une divinité sur le mur d'une chapelle et à dégager, en ronde-bosse, un bras ou une jambe; de telle sorte que, la pénombre aidant, le spectateur a l'impression de se trouver en présence d'une divinité complètement traitée en ronde-bosse. Cette union du linéaire et du plastique est largement généralisée à Touen-houang, non seulement dans la peinture des grottes, mais aussi — et le fait peut paraître étrange — dans la peinture votive. Les Vajrapâṇi hérissés et furieux des fresques de Bäzäklik et des peintures votives de Touen-houang ne ressemblent en rien au génie familier qui apparaît si fréquemment aux côtés du Bouddha dans l'iconographie gréco-indienne. Hâtons-nous d'ajouter, pour ne pas être complice d'une usurpation tardive, que la place occupée par Vajrapâni est celle que des textes anciens, l'Açokâvadâna en particulier (1), assignent au bon disciple Ananda. Le dédoublement de Vajrapâni paraît être une innovation assez tardive, et, si M. Foucher croit apercevoir deux Vajrapâni sur un bas-relief de l'école de Mathurâ représentant le *parinirvâna*, M. J.-P. Vogel, qui a eu l'occasion d'étudier le même monument, ne voit qu'un seul Vajrapâni, et croit reconnaître, dans le second personnage, un chef Malla (2). Toujours est-il que pour Hiuan-tsang (VIIe siècle) il y a plus d'un Vajrapâni, que les documents du Turkestan nous en montrent indiscutablement deux, que nous en trouverons cinq dans l'iconographie bouddhique japonaise.

Nous voyons apparaître enfin, accentuant jusqu'à l'outrance, le caractère démoniaque des Vajrapâni, des images de Çiva Mahâkâla. Nous abordons ici un troisième aspect de l'iconographie, correspondant à une catégorie spéciale de textes bouddhiques ; après le Hînayâna qui « se réclame d'une tradition dogmatique, disciplinaire et littéraire remontant au Bouddha lui-même » et le Mahâyâna « qui se vante de véhiculer plus loin et plus commodément un plus grand nombre de créatures », voici qu'apparaît le Tantrayâna qui, d'après M. de la Vallée Poussin, consiste essentiellement « dans la superposition de données bouddhiques, dieux, philosophoumènes ou symboles, à des mythologies et à des pratiques çivaïtes ; et qui repose sur des apocalypses qu'on appelle tantras, livres, d'où Tantrisme » (3).

C'est ce Bouddhisme tantrique qui paraît avoir inspiré bon nombre de documents iconographiques provenant du Turkestan.

(1) XXX, p. 3.
(2) XXXVI, p. 129.
(3) XIX, p. 18, 119.

CHAPITRE II

TOUEN-HOUANG

§ 1. *Généralités.*

Le poste de Touen-houang fut fondé par ordre de l'empereur Wou, de la dynastie des Han, en 111 av. J.-C. La station de Cha-tcheou, située à l'est du T'ang-ho, est d'origine plus récente (622). L'extraordinaire variété des documents découverts à Touen-houang peut seule donner une idée de l'importance politique de ce carrefour occupé successivement par les Turcs ouïgoures, les Tibétains, les Si-hia. Un fait heureux pour l'archéologue a préservé ce site remarquable de la destruction totale : « les routes modernes ont, en effet, cessé de passer par Touen-houang, remarque M. Pelliot, ce qui a diminué les chances de destruction par la main de l'homme. Plusieurs centaines de grottes creusées et décorées du VIe au XIe siècle y subsistent intactes » (1).

Les peintures votives découvertes par M. Paul Pelliot portent des dates qui s'échelonnent entre les premières années du VIIIe siècle et la fin du Xe. Si les plus anciennes, le Kâçyapa de 729 après J.-C. et le Paradis d'Amitâbha, évoquent le trait vigoureux et sûr des maîtres-peintres de l'école chinoise, les œuvres du Xe siècle ressortissent à la technique de l'artisan copiste beaucoup plus qu'à celle de l'artiste créateur : le trait s'empâte, l'expression s'affadit jusqu'à muer en grimace le rictus diabolique du *yakṣa*

____

(1) XLIV, p. 7.

et, seul, l'intérêt iconographique se soutient avec des
ensembles comme les *parivaras* d'Avalokiteçvara et de
Kṣitigarbha.

§ 2. — *Les peintures votives.*

I. *Paradis d'Amitâbha ou de Çâkya-muni.* — Amitâbha, le
Dhyâni-buddha du miséricordieux Avalokiteçvara, assume un
rôle particulièrement important dans l'iconographie du Bouddhisme du Turkestan; il se peut que des traits de cette figure
particulièrement populaire aient été empruntés à l'Iran.
Au ciel supérieur des écritures zoroastriennes, « Lumière
sans limite ou Lumière sans fin », pays de musique et de
chants suaves, correspond, en effet, le paradis bouddhique
de la lumière, habité par une divinité particulièrement
secourable, Amitâbha. On peut ajouter que le doublet
d'Amitâbha, Amitâyus, « vie sans fin », peut être rapproché
du zrvan akarana (temps sans limite), concept qui semble
porter la trace d'influences babyloniennes (1).

Amitâbha n'est pas la seule divinité qui trône dans un
paradis : sir Aurel Stein a découvert des paradis de Maitreya,
le Bouddha futur, de Çâkya-muni, du Bhaiṣajyaguru (2); la
disposition générale reste la même, mais les Bodhisattvas et
les moines assesseurs diffèrent. Les paradis portent, en outre,
des bandes marginales consacrées à l'illustration de *sûtras* :
l'Amitâyur dhyâna sûtra et des scènes de la vie de Çâkya-
muni(épisode Bimbisâra-Vaidehî-Ajâtaçatru) pour le paradis
d'Amitâbha, le Maitreyavyâkaraṇasûtra pour le paradis de
Maitreya.

II. *Paradis d'Amitâbha ou de Çâkya-muni*(150 × 136). —
Cette peinture est en fort mauvais état : la partie inférieure et
la partie supérieure ont particulièrement souffert. Les scènes
marginales se réfèrent, d'une part (droite), aux méditations de
la reine Vaidehî, mère du roi Ajâtaçatru, et, d'autre
part (gauche), à l'histoire du roi Bimbisâra, père d'Ajâ-

(1) XIII, p. 91.
(2) XLVIII, p. 1000.

taçatru. Le Bouddha, nimbé et auréolé, est assis sur le
trône de lotus; son vêtement rouge laisse la poitrine
et l'avant-bras droit découverts; la main droite esquisse
le geste de l'argumentation (*vitarka mudrâ*). Un bal-
daquin, orné de pendeloques, est placé au-dessus de la tête
du Bouddha. Un palais, d'architecture nettement chinoise,
multiplie ses colonnes peintes en rouge au-dessus de l'image
du Bouddha. Nombreux sont les assistants : Mahâsthâmaprâpta et Avalokiteçvara, nimbés de rouge et auréolés de bleu,
se tiennent aux côtés du Bouddha. Ces deux Bodhisattvas
sont eux-mêmes entourés de plusieurs assistants. Sur le
parvis, face au Bouddha, se trouve une *apsaras*; elle est représentée dans le mouvement même de la danse, le pied gauche
levé, le gros orteil nettement séparé des autres; une caractéristique que nous retrouvons dans la peinture japonaise
(style Yamato-é). Le Bouddha central et les deux assistants
principaux sont encore représentés, à droite et à gauche,
à la partie inférieure de la peinture. Dans la figure de gauche,
représentée de trois quarts à droite, le nez se réduit à un simple
crochet, la bouche est minuscule; quant aux mains, qui
semblent s'apprêter à esquisser le geste de la mise en marche
de la roue de la loi (*dharmacakrapravartanam*), elles sont
longues et flexibles. Sur les bandes marginales apparaissent
des illustrations que nous savons empruntées à la légende du
Bouddha. M. Wachsberger veut reconnaître dans ce dispositif
en prédelle un emprunt à l'art indien primitif qui, à Bhârhut aussi
bien qu'à Sânchî, use d'un procédé analogue de classement et
de séparation des éléments iconographiques. Les jambages
des portes du stûpa sont couverts d'illustrations limitées
verticalement par les arêtes des jambages et horizontalement
par des séparations tirées d'une arête à l'autre. Les illustrations des bandes marginales du paradis d'Amitâbha mettent
en scène le Bouddha, le roi Bimbisâra, la reine Vaidehî et leur
fils Ajâtaçatru. Les scènes consacrées aux méditations de la
reine se déroulent dans l'ordre suivant (1) : 1°, 2°, 3°, partiellement endommagés; 4° Méditation sur les arbres-joyaux;

(1) I, p. 106-201.

5° Méditation sur l'eau; 6° Méditation sur les caractéristiques de la terre de Bouddha (?); 7° Méditation sur le trône fleuri; 8° La reine méditant devant une surface rectangulaire divisée en 9 petits rectangles; 9°-10° Méditation sur les corps et les formes du Bouddha (cette scène correspondrait, d'après l'Amitâyur dhyâna sûtra, à la méditation sur Avalokiteçvara); 11°-12° Méditation devant un Bouddha debout et un Bouddha assis (correspondrait à la méditation sur Mahâsthâmaprapta). L'illustrateur a tenté de rompre la monotonie des représentations en déplaçant en diagonale l'image de la reine et en introduisant quelques variantes dans le détail de la coiffure et la couleur du vêtement. A gauche se trouvent les scènes de la vie d'Ajâtaçatru, les deux premières scènes manquent, la troisième est endommagée; 4° Apparition du Bouddha à Vaidehî; 5° Apparition du Bouddha à un personnage agenouillé; 6° Ajâtaçatru poursuit sa mère, Jîvaka et Candraprabha se préparent à intervenir; 7° Ajâtaçatru dans son palais; 8° Vaidehî visite Bimbisâra; 9° Mort de Bimbisâra. Toutes les scènes marginales sont entièrement traitées à la chinoise : les hommes portent un vêtement largement échancré en rond, aux manches très amples; par l'échancrure on aperçoit le vêtement inférieur, une longue robe descendant jusqu'aux pieds; la coiffure consiste en un bonnet noir aplati, terminé par un renflement prolongé vers l'arrière. Vaidehî porte un vêtement supérieur aux longues manches, partiellement engagé dans la jupe ajustée au-dessus de la taille.

IV. *La Tentation et l'Assaut de Mâra.* (145 × 114). — Le Bodhisattva est assis sur une jonchée d'herbes offerte par Svastika l'herbager. L'auréole et le nimbe dissimulent partiellement le tronc de l'arbre de Bodhi dont on peut apercevoir les branches entrecroisées et le feuillage stylisé. Mâra, le Satan bouddhique, se tient à la droite du Bodhisattva. Groupés tout à l'entour de la figure centrale, les suppôts du démon lancent, dans la direction du Prédestiné, les projectiles les plus variés; peine inutile : flèches et quartiers de roche se changent en fleurs qui semblent tapisser l'auréole multicolore du Bienheureux. Cette représentation, pour étrange qu'elle paraisse, suit de très près le texte du Lalita-

Turkestan (Touen-houang). — L'assaut de Mâra.
(Mission Pelliot.)

vistara (chapitre **XXI**). La horde démoniaque qui s'agite autour du Prédestiné s'y trouve évoquée avec une précision qui nous dispense de tout commentaire.

« ... le démon Pâpîyân (Mâra), n'ayant pas fait ce qu'avait fait Sârthavâha, fit préparer sa grande armée de quatre corps de troupe, très forte et vaillante dans le combat, formidable, faisant dresser les cheveux, comme les dieux et les hommes n'en avaient pas vu auparavant ni entendu parler ; douée de la faculté de changer diversement de visage et de se transformer de cent millions de manières ; ayant les mains, les pieds et le corps enveloppés dans les replis de cent mille serpents ; tenant des épées, des arcs, des flèches, des piques, des masses, des haches, des fusées, des pilons, des bâtons, des chaînes, des massues, des disques, des foudres ; ayant le corps protégé par d'excellentes cuirasses ; ayant des têtes, des pieds et des mains contournés ; des têtes, des yeux et des visages flamboyants ; des ventres, des pieds et des mains difformes ; des visages étincelants d'une splendeur terrible ; des visages et des dents difformes ; des dents canines énormes et effroyables ; des langues rugueuses comme des nattes ; des yeux rouges et étincelants comme ceux du serpent noir rempli de venin. Quelques-uns vomissaient du venin de serpent, et quelques-uns, après avoir pris avec leurs mains du venin de serpent, le mangeaient. Quelques-uns, comme des garouḍas, ayant retiré de la mer de la chair humaine, du sang, des mains, des pieds, des têtes, des foies, des entrailles, des ossements, etc., les mangeaient. Quelques-uns avaient des corps flamboyants, livides, noirs, bleuâtres, rouges et jaunes ; quelques-uns avaient les yeux déformés, creux comme des puits, enflammés, arrachés, ou regardant de travers ; quelques-uns avaient des yeux contournés, étincelants et difformes ; quelques-uns portant des montagnes enflammées, s'approchaient fièrement, montés sur d'autres montagnes enflammées. Quelques-uns, après avoir arraché un arbre avec ses racines, accouraient vers le Bodhisattva. Quelques-uns avaient des oreilles de bouc, des oreilles de porc, des oreilles d'éléphant, des oreilles pendantes, des oreilles de sanglier. Quelques-uns n'avaient pas d'oreilles. Quelques-uns ayant le ventre comme des montagnes, avec des corps débiles, formés d'un amas d'ossements, avaient le nez cassé ; d'autres avaient le ventre comme une cruche, les pieds pareils à des crânes, la peau, la chair et le sang desséchés, les oreilles, le nez, les mains et les pieds, les yeux et la tête coupés...

« Quelques-uns ayant des poils de bœuf, d'âne, de sanglier, d'ichneumon, de bouc, de bélier, de çarabha, de chat, de singe, de loup, de chacal, vomissaient du venin de serpent, avalant des boules de feu, exhalant des flammes, répandant une pluie de cuivre et de fer brûlant, faisant naître des nuages noirs, produisant une nuit noire, faisant du bruit, couraient vers le Bodhisattva...

« Épées, arcs et flèches, lances, javelots, haches, cailloux, etc., ne sont pas plus tôt lancés qu'ils demeurent changés en guirlandes de fleurs et en dais de fleurs. Devenues des fleurs fraîches, elles sont répandues sur la terre ou suspendues en guirlandes, et font l'ornemement de l'Arbre de l'Intelligence.

« A la vue de la magnificence de ces arrangements qui s'accomplissaient pour le Bodhisattva, le démon Pâpîyân, dévoré de colère et d'envie, dit au Bodhisattva : Lève-toi, ô fils de roi ; jouis de la royauté, puisque ton mérite est tel que, par lui, tu as obtenu la délivrance !

« Alors le Bodhisattva, d'une voix ferme, profonde, solennelle, douce et agréable, répondit en ces termes au démon Pâpîyân : « Pâpîyân, c'est par un seul sacrifice sans contrainte que tu es arrivé à l'empire du désir ; mais moi, j'ai fait des centaines de millions de sacrifices sans contrainte, dans lesquels, après les avoir coupés, ont été donnés à ceux qui les désiraient ardemment, mes mains, mes pieds, mes yeux et ma tête, à ceux qui les demandaient ont été distribués maisons, richesses, grains, lits, vêtements, jardins et parcs, par moi qui désirais ardemment la délivrance des êtres. »

« Alors le démon Pâpîyân adressa cette *gâthâs* au Bodhisattva :

« Dans une existence antérieure a été fait par moi un sacrifice sans contrainte et irréprochable ; tu en es ici même le témoin, mais comme il n'y a ici aucun témoin (qui te soutienne) avec une parole quelconque, tu es vaincu ! »

« Le Bodhisattva dit : « Cette mère des êtres, la terre, est mon témoin. »

L'illustrateur de cet épisode se révèle coloriste habile, un peu hardi dans ses oppositions de teintes ; la composition est chargée et l'exécution assez lourde. Composition, dessin et coloris restent très en dehors de la tradition indienne, sans qu'il faille pour cela admettre une prédominance de l'influence chinoise. En définitive cette peinture nous semble plus justiciable d'une inspiration iranienne ; c'est tout au moins l'impression que donne le traitement de certains détails : nimbe, auréole, costumes. Des bandes marginales sont réservées à la reproduction des images particulièrement vénérées en Asie centrale : Le *parînirvâṇa*, apparition du Bouddha partiellement dissimulé par un repli de terrain, le Bouddha debout sur le lotus ; assis sur un trône, debout sur le lotus issant des flots. A gauche, Bouddha debout tenant le soleil et la lune, surgissant, la partie inférieure du corps partiellement dissipée par un repli de terrain, debout sur le lotus, exécutant le miracle de l'eau et du feu, assis sur le trône, assis sous l'arbre supportant les sept Bouddhas. Sur le registre inférieur se trouve une représentation des sept joyaux (*sapta ratnâṇi*). Ce sont, de gauche à droite : la boîte à sceaux (substitut du ministre), l'éléphant, la femme, le joyau, le général, le cheval et la roue.

V. *Avalokiteçvara* (125 × 85). — Ce Bodhisattva occupe, dans le Bouddhisme du Nord, une place prééminente. Compatissant et secourable, il soulage les damnés faméliques (*pretas*) et vient en aide aux humains en détresse. Il est particulièrement vénéré au Tibet (sPyan-ras-gzigs) et en Chine (Kouan-yin).

Le Bodhisattva est représenté debout sur un lotus issant d'un petit vivier, partiellement dissimulé par une table à offrandes ; sur cette table on remarque un brûle-parfums et deux vases. La chevelure du Bodhisattva, ramenée en chignon sur le sommet de la tête, dépasse la haute tiare ornée de l'image du Bouddha Amitâbha. Le chignon est encore surmonté d'un Bouddha debout. La tête et le diadème sont entourés d'un nimbe orné de fleurs stylisées et d'ornements géométriques. La partie supérieure du corps est couverte d'une légère écharpe rouge bordée d'un liseré bleu. Les hanches, très développées, retiennent le vêtement inférieur assujetti, un peu plus bas, par une ceinture blanche ornée d'un semis de fleurs rouges. Les plis de ce vêtement, harmonieusement disposés, laissent à découvert les pieds nus. Quarante bras, normalement développés, encerclent la divinité. Des yeux apparaissent sur la paume des mains. Les attributs principaux sont, à droite : le disque du soleil, le trident, la hache, l'épée, le vase à aumônes, le croc à éléphants, le lacet, le lotus bleu et l'aiguière. A gauche, le disque de la lune, le sanctuaire, le sistre, la flèche, la lance, le joyau, le rosaire, le vase à eau. Du vase tombent quelques gouttes d'eau, aussitôt recueillies par un damné famélique (*preta*). A gauche, un pauvre reçoit quelques pièces de monnaie. Tout à l'entour de l'image centrale s'empressent de nombreuses divinités ; un sillage multicolore prolonge le nuage qui les supporte et précise le caractère éphémère de leur présence auprès d'Avalokiteçvara (1).

La peinture est datée de la sixième année de la période T'ai-ping (Hing-kouo) (981 après J.-C.).

Ces divinités semblent se correspondre deux à deux. On remarque, dans l'entourage d'Avalokiteçvara, deux formes de Çiva ; c'est, comme l'a fait dresser M. R. Petrucci (1), un premier couple de divinités tantriques qui entrent franchement dans le *parivara* d'Avalokiteçvara. Maheçvara, qui se trouve à droite, est monté sur le buffle, et Mahâkâla (Kapila sur notre image) placé à gauche soutient de sa troisième main la draperie avec laquelle il doit éteindre le soleil. On voit apparaître Maitreya, Mahâsthâmaprâpta, les quatre Lokapâlas, le saint homme Vasu, qui n'est autre que le savant docteur Vasubandhu, un figurant du *parivara* de la fresque du temple 9 de Bäzäklik. A Bäzäklik, il esquisse un geste menaçant, qui se fait ici suppliant et humilié. Sur d'autres

____

(1) XLVIII, p. 1412.

Turkestan (Touen-houang). — Le Bodhisattva Avalokiteçvara.
(Mission Pelliot.)

peintures, découvertes à Touen-houang par sir Aurel Stein,
Vasubandhu se trouve à la partie supérieure de la peinture,
mais son bras reste levé, esquissant le même geste de
menace qu'à Bäzäklik. Cette représentation de Vasubandhu
n'est d'ailleurs pas limitée au Turkestan ; le patriarche
apparaît également sur une frise décorant l'une des grottes du
côté oriental du défilé de Long-men. La diffusion, dans toute
l'Asie, de la vie de Vasubandhu rédigée au VIᵉ siècle par le
moine Paramârtha qui arriva en Chine en 546 (1), n'est sans
doute pas étrangère à la faveur dont bénéficiait, au IXᵉ et au
Xᵉ siècle, l'image de ce docteur éminent. Plus bas, nous voyons
apparaître les deux Vajrapani dont nous avons déjà eu
l'occasion de parler ; l'un est le Vajra Tête-de-feu ; l'autre le
Vajra Destructeur (des mauvais effets) du poison. Ce génie
est naturellement associé, comme agent d'exécution, au
Bodhisattva Avalokiteçvara, qui intervient, à la requête des
fidèles, pour détruire les effets pernicieux du poison (2). Si
les deux Vajrapâni figurent toujours dans l'entourage
d'Avalokiteçvara, il s'en faut que leur onomastique participe
de cette fixité. Sur la peinture datée 981, le Vajrapâni au
corps rouge se tient à droite de l'image principale, tandis que
le Vajrapâni Destructeur (des mauvais effets) du poison se
tient à gauche. L'image datée 943 représente les mêmes personnages, mais avec des noms différents : à droite se trouve
le Vajra Tête-de-feu, à gauche le Vajra Poison vert (ou bleu) ;
quelle que soit l'incertitude des appellations, le Vajra de
gauche reste associé à l'idée de poison. Ces Vajras ne figurent
pas dans le groupe des Godai Rikku du panthéon du
Bouddhisme japonais, mais leur apparence extérieure, aussi
bien que leurs attributs, permettent de les rapprocher des
deux Vajrapâni représentés dans le Butsu-zô-zu-i (3) sans
qu'il soit toutefois possible de les tenir pour identiques.
Deux petits génies, l'un à tête d'éléphant, l'autre à tête de
sanglier, lèvent des bras suppliants vers les Vajrapâni. Sur
la peinture datée 981, le génie à tête de sanglier est appelé

(1) XXII, p. 1.
(2) LIV, p. 350, note 7.
(3) XXXVIII, II.

« Ye-kia-kouei-mou », la mère des démons *yakṣa*. Ye-kia suppose un prâcrit *yakka* (sanscrit : *yakṣa*), et, par là même, l'utilisation de sources indiennes relativement tardives. En fait, comme l'a justement fait remarquer M. Chavannes (1), nous sommes en présence de « divinités populaires soumises par la religion universelle et devenues des *yakṣas*. Ce sont les personnifications des génies malfaisants écrasés et convertis par les porteurs de foudre ».

VI. *Les miracles d'Avalokiteçvara*. — Le Bodhisattva est représenté debout. Tout à l'entour de l'image centrale sont groupées les représentations de miracles accomplis par le Bodhisattva pour sauver des fidèles en péril de mort. Ces représentations, au nombre de 4, sont des illustrations du XXVe chapitre du Saddharmapuṇḍarikasûtra (2). La première scène, placée en haut et à gauche, représente un homme précipité du haut d'un rocher par un malfaiteur ; une inscription figure dans le cartouche placé en regard de cette scène : « Si, poursuivi par les brigands qui te renversent et te jettent en bas du mont Kin-kang (Vajra), tu invoques la puissance de Kouan-yin ; ils ne pourront nuire à un seul de tes cheveux. » Le deuxième épisode est représenté à la partie inférieure, à gauche : un homme est représenté au milieu des flammes ; un autre homme le considère avec un étonnement non dissimulé. L'inscription fournit un commentaire précis de la scène représentée : « S'il vient à quelqu'un l'idée de te nuire et qu'il te jette dans une fosse de feu. Si tu invoques la puissance de Kouan-Yin ; la fosse de feu se changera en un étang d'eau. » En haut, à droite, on aperçoit deux hommes qui en précipitent un troisième du sommet d'un rocher, mais un nuage s'interpose et la chute se change en une lente descente. « Si te trouvant au sommet du Siu-mi (Sumeru), un homme te renverse. Si tu invoques la puissance de Kouan-yin, tu resteras suspendu dans l'espace comme le soleil. » La dernière scène représente un homme debout, entouré d'un serpent, d'un scorpion et d'un tigre. « Si menacé par le

(1) LVII, p. 15, pl. XXV, XXIX.
(2) XLVIII, p. 1313-1314.

Turkestan (Touen-houang). — Les miracles d'Avalokiteçvara.
(Mission Pelliot.)

souffle empoisonné et pareil au feu fumant des reptiles, des serpents venimeux ou des scorpions, tu invoques la puissance de Kouan-yin, aussitôt, au son de ta voix, ils s'enfuiront. »

La partie inférieure de la peinture est occupée par la représentation de deux donateurs agenouillés; à droite, un religieux qui présente au Bodhisattva un plateau sur lequel se trouve un vase; à gauche, un laïc qui tient un brûle-parfums.

VII. *Kṣitigarbha* (Ti-tsang) (225 × 159). — Kṣitigarbha est le « bon juge » des Enfers. Son influence bienveillante atténue la rigueur des sentences prononcés par les dix rois de l'Enfer, grands maîtres ès tortures, implacables régisseurs des six voies. Au-dessus d'eux, parfois contre eux, Kṣitigarbha assume la direction de ces six voies. Aussi ne devons-nous pas nous étonner de voir jaillir de la perle qui lui sert d'auréole — parfois d'attribut — six longues flammes composant six registres où viennent s'inscrire les conditions, bonnes ou mauvaises, que doivent subir les âmes après le jugement. Nous voyons, en haut, à gauche, les dieux, les animaux, les damnés faméliques. A droite, les humains, les *asuras*, les démons. Kṣitigarbha porte le *khakkhara* (sistre) au moyen duquel il « secoue les portes de l'enfer ».

Les rois, au nombre de dix, sont groupés à l'entour de la figure centrale; à leurs côtés se tiennent deux assesseurs. Ces trois personnages portent l'insigne d'autorité appelé *kouei*. Les inscriptions donnent les noms des rois des Enfers et des indications sur les délais de comparution des âmes devant les différents juges.

Le premier roi se nomme Ts'en-kouang; il se prononce sur la culpabilité ou l'innocence des âmes (1re période de 7 jours).

Le deuxième roi, nommé Tchou-kiang, fait placer les âmes devant le miroir qui reflète les mauvaises actions (2e période de 7 jours).

Le troisième roi, Song Ti, soumet les coupables au supplice du feu et de l'eau chaude (3e période de 7 jours).

Le quatrième roi, Wou Kouan, préside aux châtiments appliqués par les *yakṣas* (4e période de 7 jours).

Le cinquième roi, Yen-lo (Yama), juge ceux qui ont commis les dix péchés (5e période de 7 jours).

Le sixième roi, Pien-tch'eng, fait battre les coupables et emprisonner leurs mains dans des cangues (6e période de 7 jours).

Sous les yeux du huitième roi, nommé P'ing-teng (P'ing-tch'eng, d'après l'inscription de notre peinture), les coupables sont poussés par des *yakṣas* et pesés (8e période, jusqu'à 100 jours).

Tou-che, le neuvième roi, distingue très nettement les bonnes actions des mauvaises (9e période, jusqu'à une année).

Enfin le dixième roi, Tchouan-louen (Cakravartin), est le monarque universel, détenteur des sept joyaux. Coiffé du casque, revêtu de l'armure, il prononce la dernière sentence qui affecte les âmes à l'une des six conditions (10e période, jusqu'à 3 ans).

Citons encore, pour terminer cette liste quelque peu fastidieuse, les quatre juges : Song, Wang, Ts'ouei, Tchao, les deux assistants — ignorés de l'iconographie postérieure — le moine Tao-ming et le lion à la crinière d'or (Kin-mao). L'Annam, s'il ne faut citer qu'un exemple, place, aux côtés du Bodhisattva, le vénérable Maudgalyâyana, disciple du Bouddha. Le lion y est promu à la dignité de *vâhana* (monture) de Kṣitigarbha (1).

Le centre du registre inférieur est occupé par une longue inscription votive datée 983 après J.-C. A gauche, se tient le Bodhisattva Yen-lou (qui montre le chemin) (2). A droite, la donatrice, en costume de l'époque des Song, et ses suivantes. On remarque, entre la donatrice et les suivantes, une inscription mongole.

La documentation relative aux dix rois est basée en grande partie sur le *sûtra* des dix rois; ce texte se réfère à la conversion et à l'activité, dans ses existences antérieures, du Bodhisattva Kṣitigarbha (3). Les juges, à l'exception de Yama

(1) XXIX, 212.
(2) XLV, pl. IV.
(3) L, section II § 1 p. 266.

Turkestan (Touen-houang).
Le Bodhisattva Kṣitigarba.
(Mission Pelliot.)

et du roi Cakravartin, portent des noms chinois, et, comme l'a déjà fait remarquer M. Petrucci, chacun d'eux a été arbitrairement rapproché d'une divinité bouddhique.

Ts'in-kouang	correspond à	Pou-tong
Tch'ou-kiang	—	Çâkya-muni
Song-ti	—	Mañjuçrî
Wou-kouan	—	Samantabhadra
Yen-mo	—	Kṣitigarbha
Pien-tch'eng	—	Maitreya
T'ai-chan	—	Bhaiṣajyaguru
P'ing-teng	—	Avalokiteçvara
Tou-che	—	Mahâsthâmaprâpta
Tchouan-louen	—	Amitâbha

Les six Jizô, si populaires au Japon, n'apparaissent pas en Asie centrale. « L'idée de Jizô se divisant en un nombre infini de corps pour sauver les êtres vivants appartenant aux six conditions a été trouvée dans les principaux *sûtras*. C'est ce qui a dû conduire les bouddhistes chinois et japonais à la conception de six Jizô, chacun d'eux assumant la tâche de sauver les êtres de l'une des conditions (1). »

Kṣitigarbha (74 × 59). — Les petits cartouches ne portent aucune inscription. Le registre inférieur est occupé par les représentations de deux moines, d'un laïc et d'une femme accompagnée d'un enfant. L'image centrale est accostée de deux personnages, porteurs de rouleaux.

Kṣitigarbha (84 × 30). — Le Bodhisattva est debout, il porte le vêtement des moines et tient la perle dans la main droite. Les colliers et les anneaux dont il est paré contrastent singulièrement avec l'austérité du vêtement monastique. Les plis, qui s'ordonnent à la partie inférieure du vêtement, affectent déjà une disposition schématique, le vêtement adhère à la surface externe des cuisses, les parties adhérentes étant délimitées par un tracé ellipsoïdal que l'on retrouve dans l'iconographie bouddhique japonaise du XIe siècle.

(1) L, p. 71-72.

Le Bodhisattva Maitreya (?), fragment (104×53). — Maitreya est le Bouddha futur, intronisé par Çâkya-mouni, alors Çvetaketu, dans le ciel des Tuṣitas.

Cette figure, tracée sur une toile rugueuse, est traitée avec beaucoup d'ampleur. Quelques rehauts de couleur accentuent la souplesse du trait. Une touche harmonieuse, d'un vert léger, ajoute une note pittoresque d'un bel effet.

Le Bodhisattva Samantabhadra (P'ou-hien) (60×18). — Ce Bodhisattva correspond au Dhyâni-Bouddha Vairocana. Certaines sectes anciennes le considèrent comme le Bouddha primordial. Cette peinture paraît très proche des influences indiennes : la minceur de la taille, le développement harmonieux des hanches, la longueur des bras, le traitement des sourcils, du nez et de la bouche, la transparence de l'écharpe flottante, tous ces détails réunis accusent une influence indienne encore vivace, en dépit du traitement assez malhabile des jambes, partiellement dissimulées sous le pagne.

D'autres Bodhisattvas sont complètement traités à la chinoise. Le type classique de cette catégorie se présente debout, tourné de trois quarts à gauche; le vêtement, minutieusement décrit par Miss Lorimer (1), se prête à d'intéressantes comparaisons avec les œuvres japonaises du VIIe et du IXe siècle. Un vêtement inférieur très long est retenu à la taille par une ceinture et un ceinturon de cuir, orné de plaques de métal. Deux retroussis bouffants sont relevés sur les côtés, à hauteur du genou, au moyen de chaînes orfévrées reliées à une plaque placée au-dessus de la ceinture et rattachée à un collier-pendentif. L'extrémité de la ceinture, longue bande blanche, descend le long de la jupe et s'épanouit en formant un nœud compliqué, semblable à ceux qui ornent la partie correspondante du vêtement de certains Bodhisattvas coréens ou japonais. La chevelure noire, très longue, retombe sur les épaules en formant deux bandes stylisées très allongées et légèrement recourbées à la partie inférieure. Si le traitement du visage est nettement chinois, le contour des bras, la souplesse déliée des mains restent bien dans la tradition indienne.

(1) LV, n° 323.

Kâçyapa (62 × 27). — Le type classique de Kâçyapa nous était connu par un document plus ancien figurant dans l'une des grottes Wei de Long-men, la grotte M (1). Le vêtement, traité de l'extérieur suivant des directives subjectives, échappe à tout réalisme formel. Le traitement réaliste du visage, de la partie découverte du torse, des oreilles démesurées, confère à la physionomie du vieux moine une originalité sobre et puissante. De la peinture de Touen houang se dégage une impression de souplesse qui s'oppose au caractère plus hiératique de l'œuvre Wei. Quelques repentirs, encore trop apparents, compromettent cependant la forte impression qui se dégage d'une vision rapide de l'œuvre. Le peintre avait tout d'abord exécuté une représentation de face (Kṣiti-garbha?); s'étant ravisé, il traça un Kâçyapa conforme aux données traditionnelles, placé de trois quarts à droite. Le tracé du maxillaire vient encadrer la bouche de la première figure et une oreille se place près d'un œil. En fait, bien que les deux tracés subsistent, un examen prolongé révèle tous les éléments de la figure de trois quarts. Le tracé des lignes intérieures : rides du visage et lignes de la main est encore très sûr, d'un schématisme qui n'accuse pas encore le poncif.

L'œuvre est datée 17e année K'ai-yuan (729 ap. J.-C).

§ 3. *Les statues et objets divers.*

1. 2. 3. 4. *Les rois gardiens des quatre points de l'espace. (Lokapâlas).* Le Gandhâra représentait ces personnages « sous l'aspect banal et neutre de deva ». L'initiative de leur militarisation appartient, sans conteste, au Turkestan dont l'ambiance belliqueuse devait contaminer les divinités les plus pacifiques d'aspect. L'armure des rois gardiens est formée d'un plastron, d'une dossière et d'une pansière. Les deux premières pièces sont plaquées au corps au moyen d'un jeu de cordes enserrant le col, et se reliant verticalement à une autre corde ceignant la base du thorax ; la pansière étant maintenue

(1).LV, no 323..

par une ceinture. Les parties évidées augmentaient sans doute la souplesse et la plasticité de l'armure et recevaient des renforts de métal. Ces corselets de cuir constituaient l'armure défensive des Chinois servant dans le Turkestan oriental à l'époque des Han, et étaient encore en usage sous les T'ang (618-906 ap. J.-C) (1).

Les types 3 et 4 présentent des variantes dans le mode de fixation de l'armure : substitution de courroies aux cordes, renforcement sensible de la ceinture de pansière.

Ces types vigoureux (3 et 4), aux caractéristiques ethniques si singulièrement accusées par un prognatisme brutal, apparaissent revêtus de l'armure des combattants, tendus dans une suprême contraction de tout leur être. Les Shitennôs japonais, grimaçants, alourdis d'étoffes somptueuses, revêtus d'armures d'apparat déformées par le souci outrancier de la recherche décorative ne peuvent, en dépit d'une évidente parenté, rivaliser avec les rudes et vigoureux guerriers du Turkestan.

Par cette glorification excessive de la force brutale, nous mesurons la distance qui nous sépare des sculptures de l'école gréco-bouddhique, des Bouddhas méditatifs, des Bodhisattvas au sourire énigmatique et quelque peu distant, des divinités inférieures à la grâce recueillie. Les dieux guerriers et leurs cohortes deviennent les redoutables défenseurs de la loi, tandis que leur frère, le génie familier Vajrapâṇi, armé comme eux, assume les fonctions de garde du corps auprès du Bouddha.

Nº 1. *Roi gardien*. Bois sculpté peint, hauteur 0ᵐ80.

Nº 3-4. *Roi gardien*. Bois sculpté peint, hauteur 0ᵐ98.

Nº 5. *Tête de moine* (*bhikṣu*). Argile séchée peinte, IXᵉ-Xᵉ siècle, hauteur 0ᵐ12.

Nº 6. *Tête de divinité ou de dignitaire laïque*, pierre tendre, IXᵉ-Xᵉ siècle, hauteur 0ᵐ12.

Nº 7. *Yakṣa*, support de divinité (2), hauteur 0ᵐ36.

La boîte à reliques, ornées de motifs décoratifs, provient de la région de Kouča.

(1) LVI, p. XVI.
(2) XLVI, p. 211

Turkestan (Touen-houang). Lokapâla.
(Mission Pelliot.)

IIIᵉ PARTIE — LA CHINE BOUDDHIQUE
LES WEI ET LES T'ANG

—

CHAPITRE PREMIER

YUN-KANG

§ 1. *Généralités.*

Le Bouddhisme eut en Chine de bien timides débuts. Ce ne furent, tout d'abord, aux environs de l'ère chrétienne, que de lentes infiltrations gagnant, de proche en proche, les routes les plus fréquentées, s'insinuant, par la voie maritime, jusque dans les ports de la Chine du Sud. En fait, le corps social chinois eut rapidement éliminé ces apports étrangers, si, comme le remarque M. Granet (1), « le gouvernement de l'Empire ne s'était fractionné et si des dynasties étrangères ne s'étaient point établies sur la Terre chinoise. La civilisation nationale était solide et résista heureusement; mais, souvent, la religion officielle fut durement atteinte; sous les dynasties éphémères, les lettrés n'avaient pas le temps de reprendre leur puissance. Malgré ces circonstances favorables, la foi nouvelle mit près de cinq siècles à s'établir solidement en Chine ».

La Chine se trouvait alors en état de moindre résistance, et ce fait explique, à lui seul, les progrès du prosélytisme

(1) LXI, p. 161.

bouddhique. Nous avons fait allusion à deux voies d'accès, terrestre et maritime, septentrionale et méridionale; c'est la route du nord qui retiendra notre attention : elle prolonge, nous le verrons, dans la Chine propre, les traditions de l'art religieux du nord et du nord-ouest de l'Inde, déjà sensiblement modifié au contact du complexe ethnique et religieux qu'était, à cette époque, le Turkestan.

C'est une dynastie étrangère, établie dans la Chine septentrionale, qui éleva des monuments durables à la gloire du Bouddha et des Bodhisattvas du Grand Véhicule. Le labeur patient et sagace des missionnaires indous avait, il est vrai, créé une ambiance favorable au développement du nouveau culte. Les noms des premiers propagandistes indiens en terre chinoise, les deux Dharmaraksa, Kumarajiva et Dharmamitra sont à retenir. Un autre courant, de sens inverse, dirigea vers l'Inde bon nombre de pèlerins bouddhistes : Fa-hian quitta la Chine en 399 et parcourut, pour le compte de l'empereur régnant de la dynastie des Ts'in postérieurs, les lieux sacrés du Bouddhisme indien. Il aborda à Canton, quinze ans après son départ.

En 518, Song Yun et Houei-cheng se rendirent dans l'Inde, chargés d'offrandes de toute sorte. Partis de Lo-yang — depuis 494 capitale des Wei — ils visitèrent l'Udyâna et le Gandhâra et revinrent en Chine en 522. Fa-hian et Song Yun avaient pu contempler les ruines entassées par les Huns blancs. L'état précaire des monastères bouddhiques encore épargnés par le sauvage envahisseur, ne pouvait sauver de la ruine totale l'art religieux à son déclin. Taxila nous livre des pièces obtenues par des moyens purement mécaniques, accusant cependant des qualités plastiques où se retrouve l'influence des ateliers guptas, en réaction marquée contre l'académique froideur des œuvres gandhâriennes. Le goût de la foule allait d'ailleurs aux grands ensembles décoratifs qui, utilisant une matière éminemment plastique, l'argile, s'alourdissaient de motifs répétés à satiété. Ceci nous explique, du même coup, le caractère spécifiquement chinois des représentations biographiques de l'art Wei. La route du Turkestan n'avait d'ailleurs été ouverte au Wei que vers 455. Les dernières productions de l'art gréco-indien furent donc les premiers modèles des Wei. Ces œuvres, gâtées par l'abus du poncif décoratif, autant que par l'emploi de procédés mécaniques de reproduction, rappelaient parfois le charme jeune et sensible de l'art gupta. A Yun-Kang se dégageront peu à peu de nouvelles formules, substituant au réalisme plastique des Guptas le pur et simple rayonnement d'un art hautement spiritualisé, exprimant les véritables tendances de la pensée mahâyânique.

§ 2. — *La Mission Ed. Chavannes.*

Dès 1902, Edouard Chavannes signalait, dans le *Journal-Asiatique*, l'importance archéologique des grottes de Yun-Kang (1). En octobre 1907, il constitua, justification éclatante de ses prévisions, une documentation photographique qui, enrichie de commentaires, renouvela complètement notre connaissance des origines de l'art bouddhique en Chine.

« Yun-Kang, dit Ed. Chavannes, est une localité située dans la vallée de la petite rivière Che-li, à trente lieues à l'est de Ta-t'ong-fou, dans le nord de la province de Chan-si. Le village est placé au pied d'une falaise rocheuse qui borde un vaste plateau ; cet escarpement abrupt est nommé dans les textes la montagne Wou-tcheou. Il est percé d'une multitude de grottes dont les parois sont sculptées en formes de niches et de statues bouddhiques » (2). Ta-t'ong-fou, devenue capitale des Wei en 386, ne fut désertée qu'en 494, lorsque les Wei se fixèrent à Lo-Yang. Les premiers monuments furent exécutés dans la seconde moitié du Ve siècle; mais les travaux se prolongèrent jusqu'à la fin du premier quart du VIe siècle. Les œuvres les plus anciennes sont celles des grottes V, VI, IX ; et, bien que nous nous trouvions en présence de monuments maladroitement restaurés, nous y découvrons sans trop de peine des caractéristiques familières.

(1) XLII.
(2) LIV, p. 294.

§ 3. — *Les grottes primitives.*

Le Bouddha debout de la grotte VI (n° 235) se signale par
une disposition du drapé et des qualités plastiques qui
s'apparentent nettement aux productions des ateliers guptas.
Les plis, régulièrement ordonnés, du grand manteau,
remontent de la face externe du bras à l'épaule, et viennent
s'incurver sur la poitrine; de l'avant-bras, le manteau retombe
et forme des pointes divergentes rappelant de très près le
dispositif déterminé par les besoins d'une technique spéciale, qui utilisait les bandes latérales pour le placement
des rivets destinés à unir les deux moitiés de la statue. Ces
bandes divergentes, dont la destination utilitaire ne fait
aucun doute, ont survécu à cette technique spéciale : le
Jumedono Kouan-on du Horyûji est un remarquable exemple
de cette survivance. Le Bouddha de la grotte VI présente
encore quelques particularités : la ligne régulière des sourcils
prolonge sans relai l'arête du nez ; la tête rasée, surmontée
de l'*uṣnîṣa*, n'appartient pas au cycle gandhârien mais s'apparente plutôt aux dernières pièces de style kuṣana du Musée
de Mathurâ. Le traitement très caractéristique du vêtement se
retrouve dans les statues de la grotte A (n° 263). Il existe
par ailleurs (assistant de gauche du grand Bouddha), une
disposition des plis qui rappelle très nettement le drapé du
grand Bouddha de Mathurâ (catalogue du Musée de Mathurâ,
pl. IX), à cette différence près, qu'à Yun-Kang les plis
s'incurvent vers la partie médiane du vêtement, tandis qu'à
Mathurâ les plis s'accusent au-dessus et au-dessous du sein
droit. Entre Mathurâ et Yun-Kang s'interposent toute une
série d'intermédiaires d'Asie centrale, tout particulièrement
un Bouddha de la collection Pelliot, exposé au Musée du
Louvre. Il s'en faut que ces monuments imprégnés d'une
influence indienne encore chargée de réminiscences gandhâriennes occupent toutes les grottes de Yun-Kang. Ce type
primitif se modifie peu à peu ; le torse croît en hauteur, le
vêtement s'alourdit et atténue progressivement les tendances
plastiques des premières œuvres Wei, les statues s'attachent

à la muraille et accentuent le caractère à la fois linéaire et
monumental de l'ensemble. A la base du socle, dans les statues
assises, le drapé adopte un dispositif purement ornemental,
semblable, en plus d'un détail, à celui qui prend un si remarquable développement sur le socle du Çâkya de Horyûji
(n° 264, Yun-Kang, grotte D, paroi occidentale) (1). Enfin on
voit apparaître, assez timidement esquissés, quelques éléments
de différenciation physique qui opposent à la monotonie des
visages au sourire stéréotypé, des types individualisés plus
dépendants de l'humble humanité. Ce moine de la grotte E —
vraisemblablement un Kâçyapa — (n° 271, partie occidentale
de la paroi du fond), engoncé dans son lourd vêtement, le
visage creusé de rides, légèrement incliné et tourné vers un
personnage qui semble être un Bodhisattva, semble ressusciter
le côté épisodique de l'art bouddhique. Mais là, nous nous
trouvons en présence d'un déséquilibre très net, indice d'une
nouvelle orientation des tendances artistiques, accusant les
premiers heurts de la volonté novatrice aux prises avec de
rudes difficultés techniques.

§ 4. *La période de maturité.*

Les statues de la grotte XII accusent un progrès sensible ;
« dans la ligne des niches médianes, dit Edouard Chavannes,
il y a des statues qui peuvent compter au nombre des spécimens les meilleurs de l'art des Wei septentrionaux »
(n°s 247-249-250). Ces formes, empreintes d'une aimable
gravité, témoignent d'une adaptation progressive de l'art
aux exigences de la foi nouvelle, plus sensible et plus accom-
modante que l'agnosticisme intransigeant et stérile des sectateurs du Petit Véhicule ; ainsi, lentement, la forme devient
le symbole expressif d'idées nouvelles. Ces statues de la
grotte XII expriment une haute qualité de vie spirituelle ;
discrètement leur apparence plastique s'atténue et cesse de
solliciter l'attention, et le sourire, si tendrement humain, reste

____

(1) LXIV, n° 186.

la seule concession faite par le Bienheureux au monde des
créatures du désir, qu'il doit guider dans la voie du renoncement.

§ 5. *Les scènes biographiques.*

Nous en aurions terminé avec les sculptures de Yun-Kang
si nous n'avions encore à étudier quatorze bas-reliefs, consacrés à la représentation d'épisodes biographiques. Ces bas-
reliefs décorent les parties inférieures des parois latérales de la
grotte II. D'après Ed. Chavannes, les fidèles devaient exécuter
la circumambulation autour du pilier central en gardant
celui-ci à leur droite; il importe donc de considérer la
série de ces bas-reliefs dans l'ordre où ils se déroulaient à la
gauche des visiteurs. Les épisodes biographiques débutent
par le concours à l'arc « où le futur Bouddha donna la preuve
de sa supériorité en faisant traverser à sa flèche une enfilade
de tambours de bronze tenant lieu de cibles ». Une remarque,
d'ordre technique, s'impose aussitôt. Alors que les scènes du
Gandhâra se détachent très fréquemment en haut-relief, les
scènes biographiques de Yun-Kang paraissent tributaires
d'une technique qui les apparenterait à la sculpture en
demi-bosse exécutée sur les parois de certaines chambrettes
funéraires de l'époque des Han (1). La comparaison ne se
limite pas au seul côté technique, car la composition reste
également en dehors de toute influence gandhârienne, qu'il
s'agisse de la vie de plaisirs (n° 205) dans le gynécée, thème
traité à Yun-Kang « d'une manière plus licencieuse » (2) que
dans l'art gréco-indien, ou de la scène suivante (n° 206), que
M. Chavannes a proposé d'identifier avec l'épisode que les
Chinois « ont intercalé dans la vie du Bouddha quand, pour
sauvegarder le principe de la piété filiale, ils ont supposé que
le prince héritier annonça à son père son intention de sortir
du monde. » Il est impossible d'assigner à cette scène un
prototype gréco-indien; son examen révèle d'ailleurs une mise

(1) LIII, pp. 24-25.
(2) LIV, p. 306.

en œuvre d'éléments purement chinois, architecture, vêtement, etc., également utilisés dans les autres scènes. Le
vieillard de la première rencontre (nᵒ 207) est encore très près
des modèles très lourds des pierres sculptées de l'époque des
Han. Notons enfin — et ceci montre à quel point les artisans
de Yun-Kang étaient, en ce qui concerne les scènes biographiques, libérés de toute contrainte traditionnelle — qu'une
scène, que M. Chavannes n'a malheureusement pas pu
identifier, est intercalée entre la troisième et la quatrième
rencontre.

L'épisode du sommeil des femmes est le seul qui permette
une comparaison avec la scène correspondante de l'iconographie gandhârienne. A Yun-Kang, la posture du Bodhisattva est à peu près la même qu'au Gandhâra : dans le
premier cas, il est légèrement accoudé au pied du lit et
contemple son épouse ; au Gandhâra, il est assis sur le lit,
son bras droit levé marque le douloureux étonnement qu'il
éprouve devant le spectacle attristant que présentent les
femmes couchées et endormies. Si nous considérons que ce
type du Bodhisattva méditant a eu, en tant qu'élément isolé,
une vogue exceptionnelle dans toute la Chine, nous ne serons
pas étonnés de le voir figurer dans une scène où il a sa place
toute marquée.

Nous ne pensons pas, pour notre part, que la Chine des
Wei ait négligé, de propos délibéré, les données gandhâriennes relatives de la vie de Bouddha. Cette carence de la
statuaire des Wei nous semble plutôt due au fait que le
répertoire particulièrement riche des scènes figurées de la vie
du Bouddha avait cessé d'être utilisé au Vᵉ siècle de notre ère,
et que les Chinois, désireux de représenter les épisodes
édifiants de la vie du Maître, devaient, sans cesser de
s'inspirer des textes, recourir à un groupement d'éléments
purement chinois.

Les fouilles exécutées par sir John Marshall sur l'emplacement de Taxila accusent une singulière raréfaction des scènes
biographiques, et, si l'on veut bien rapprocher de cette consta-
tation le fait que le pèlerin chinois Fa-hian ne revint dans
son pays d'origine qu'en 413, on peut admettre, avec

Ed. Chavannes, « que la concordance chronologique qui s'établit entre le début du grand mouvement de pèlerinages et le commencement de l'art bouddhique en Chine est significative ». Il faut donc se garder de relier arbitrairement l'art des Wei à la pleine floraison de l'école du Gandhâra ; aussi bien devons-nous tenir compte des découvertes de Taxila révélatrices de types iconographiques accusant une dégradation progressive de l'emprise hellénistique et le retour très net d'une influence indienne (art gupta). Les Wei arrivent à temps pour recueillir ces derniers témoins du compromis gréco-indien. De lentes modifications de ce modèle emprunté à l'Inde, aboutissent enfin à la création d'un art local qui trouve sa pleine expression dans les statues de la grotte XII.

Long-men. — Le vieillard Kâçyapa (Grotte *M*).
(Mission Ed. Chavannes.)

CHAPITRE II

LONG-MEN

§ 1. *Les grottes Wei de Long-men.*

A Long-men, où les Wei continuent, après le déplacement de leur capitale (494 après J.-C.), l'œuvre entreprise à Yun-Kang, les épisodes biographiques disparaissent complètement. A ce détail près, les premières œuvres Wei de Long-men prolongent les tendances manifestées à Yun-Kang. La liaison entre les deux groupes de sanctuaires est d'ailleurs parfaitement assurée du fait que les donations commencent à Long-men en 495, c'est-à-dire en l'année qui suit celle où les Wei du Nord transportent leur capitale à Lo-yang. Elles prennent fin en 749; en 762, Lo-yang est pillée et incendiée par les Ouïgours.

Les grottes *S*, *M*, *V* et *X* nous fournissent les meilleurs éléments d'étude; le traitement du drapé s'impose nettement à l'attention; le Kâçyapa de la grotte M constitue, à ce point de vue, l'exemple type du drapé ordonné suivant une ligne voulue par l'artiste. Ce schématisme du drapé se traduit par un plissé linéaire dans le vêtement inférieur et par un plissé curviligne dans le manteau, avec, sur les bords, la disposition classique en degrés. A ce schématisme du drapé s'oppose le traitement réaliste du visage; le visage émacié de Kâçyapa apparaît marqué par l'âge : rides profondes du front, œil enfoncé dans l'orbite, pli naso-labial accentué, muscles sus-hyoïdiens saillants. Le nimbe, de forme ovoïde, est orné de flammes stylisées et d'un décor floral aux dispositions classiques. Voici donc qu'un type nettement individualisé se fixe dès le VIe siècle (1). Les autres grottes primitives de Long-men renferment des statues de Bouddhas et de Bodhisattvas qui annoncent déjà l'art plastique des T'ang. Cet art, mi-linéaire mi-plastique des grottes Wei de Long-men, est caractérisé par un allongement du torse et par une atrophie des membres inférieurs. Moins nettes dans la grotte M, où l'on peut encore remarquer des Bouddhas aux formes trapues, mais assez bien équilibrées, ces tendances se précisent dans la grotte S (n° 340), aménagée vers 505; là, le schématisme du drapé s'accentue, développant sa profusion décorative jusqu'à la base du socle et noyant sous sa masse les jambes repliées. Le torse et les jambes forment deux plans où se trouvent projetés tout ce qu'un traitement en relief normal placerait en avant du socle, ou entre les jambes et le torse; ces détails viennent s'inscrire en un tracé-schématisé sur les statues de la grotte S et de la grotte V (vers 532-534 après J.-C.), en relief plus accentué sur un Bodhisattva du Musée des Beaux-Arts de Boston. Les tendances plastiques déjà perceptibles dans le traitement du visage gagnent discrètement le torse dans la représentation de la grotte X (premier tiers du VIe siècle). La svelte plasticité du torse, légèrement bombé, l'élégante rondeur des épaules, le tracé plus sûr des jambes, les parures (n° 387), tous ces détails réunis, annoncent déjà l'art réaliste des T'ang. Chez les Bouddhas, assis à l'orientale (n° 379), on relève la profusion décorative des étoffes couvrant le socle; le drapé affecte la forme traditionnelle, mais adopte — simple variante — un tracé sinueux assez caractéristique et on voit apparaître — détail que révélait déjà la statue de Boston — l'anneau coulissant où viennent se croiser les bandeaux-écharpes couvrant les épaules. En fait, ces dernières productions des Wei du nord laissent déjà entrevoir les principales tendances du style T'ang; Long-men nous montre le début et l'apogée de ce développement plastique qui devait faire dévier vers un réalisme sans issue, l'art si hautement spiritualisé de Yun-Kang.

(1) LV, n° 323.

Cliché Ed. Chavannes.

Long-men. — Niche au bord de la route (Bodhisattva).
(Mission Ed. Chavannes.)

Ces tendances plastiques se précisent dans les grottes Pin-yang, aménagées par T'ai, roi de Wei, pour le bénéfice de sa mère défunte, l'impératrice Tchang-souen (nom posthume Wen-tö). M. Chavannes nous apprend que Ngeou Yang-sieou, qui avait pu voir le monument en bon état de conservation, le fait remonter à la XVe année tcheng-kouan (641 ap. J.-C.). Les grottes Pin-yang révèlent un type plastique plus massif que celui de la grotte Y. Cette statuaire massive des grottes Pin-yang peut se comparer — et Madame Th. Klee a très justement signalé cette parenté d'aspect (1) — aux œuvres qui ornent certaines grottes bouddhiques du Sseu-tchoan, visitées par la Mission Victor Segalen-Gilbert de Voisins-Jean Lartigue (niches des Ts'ien-fo-yen de Kia Kiong Hien et de Kouan-yuan, ca. 722 après J.-C.). Une confrontation entre les statues des grottes Pin-yang et les œuvres, déjà clas-siquement T'ang, qui accostent le grand Bouddha de Long-men, accuse une très nette disparité de styles. On aperçoit cependant — détail nettement archaïsant — deux plis en degrés à la retombée du manteau d'un moine, assistant de droite du grand Bouddha (n° 355). L'ensemble du drapé reste cependant d'une extrême souplesse; cette virtuosité même recèle déjà des indices de décadence. Les quatre rois, gardiens des points cardinaux, complétaient ce groupe; deux d'entre eux sont parfaitement conservés : celui de droite s'apparente nettement au *dvarapâla* de la grotte aux lions (n° 305); les deux œuvres dégagent la même impression de force brutale, impression accentuée dans le modèle de Long-men, par le développement exagéré de la musculature du cou.

§ 2. *L'art T'ang à Long-men.*

Bodhisattvas, moines et *Lokapâlas*, semblent avoir été groupés pour la première fois autour du Bouddha dans la deuxième moitié du VIIe siècle de notre ère; les dates (672-675) gravées à la base du grand Bouddha de Long-men sont, à cet égard, significatives; par là même se trouve infirmée

(1) LXII, p. 31-56.

l'hypothèse émise par Eitel : ce savant représentait, en effet, Amoghavajra comme l'introducteur en Extrême-Orient du culte des quatre Lokapâlas; mais, et c'est M. Chavannes qui souligna le fait, Amoghavajra n'arriva en Chine qu'en 719, ce qui lui enlève le mérite d'une initiative réalisée à Long-men dès 675.

Nous ne saurions terminer cette revue rapide de l'iconographie des grottes de Long-men sans accorder une mention aux représentations qui figurent dans la grotte la plus rapprochée du temple K'an-King, vers le côté oriental du défilé. Des notices explicatives, rédigées entre 689 et 705, ont permis à M. Chavannes d'identifier vingt-cinq patriarches de l'église bouddhique : nous relevons les noms particulièrement vénérés de Mahâkâçyapa (1), d'Ananda, le cousin et disciple préféré du Bouddha (2), de Madhyântika (3), l'apôtre du Cachemire, de Çanavâsa (4), l'apôtre de Mathurâ, d'Upagupta (5), l'élève de Madhyântika, d'Açvaghoṣa (12), l'auteur du Buddhacarita, de Nâgârjuna (14), le grand maître du Mahâyâna, de Rahula (16), le fils du Bouddha, de Vasubandhu (21), le frère cadet d'Asaṅga, transfuge du Petit Véhicule, fervent zélateur du Mahâyâna, auteur de l'Abhidharmakoça. Ainsi, moins d'un demi-siècle après le retour en Chine du pèlerin Hiuan-tsang, l'effigie de Vasubandhu figurait dans un sanctuaire bouddhiste; c'est, à n'en pas douter, à Hiuan-tsang, zélé commentateur de Vasubandhu, que revient le mérite d'avoir placé, aux côtés des des saints particulièrement illustres du Grand Véhicule, l'image du grand docteur.

§ 3. *Le groupe des Arhats.*

Le réalisme vigoureux, le pittoresque un peu maniéré de certaines attitudes sont spécifiquement chinois, au même titre d'ailleurs que les représentations découvertes à Sok-kul-an, en Corée (1). De ce groupement, un peu arbitraire, mais cependant assez homogène des vingt-cinq patriarches, à la cohorte trop bien ordonnée des seize ou dix-huit arhats, il y a toute

(1) LX, p. 161-167; LVIII, p. 168-178; LIX, p. 306-309; XXX, ch. II.

Long-men.
Le çramana et le Bodhisattva à la gauche du grand Buddha.
(Mission Ed. Chavannes.)

la distance qui sépare les données légendaires de la fiction pure, et cependant, ce fut ce même Hiuan-tsang, admirateur et continuateur de Vasubandhu, qui fut le traducteur, et sans doute le propagateur, de la « Relation sur la durée de la Loi énoncée par le grand Arhat Nandimitra (Ta A-lo-han Nan-t'i-mi-to-lo so chouo fa tchou ki) où se trouve mentionné pour la première fois le groupe, inconnu à l'Inde, des seize arhats. L'*arhat*, celui « qui est digne d'être honoré », a atteint le degré le plus élevé parmi ceux qui se dirigent vers le *nirvâṇa*. Si le groupement des seize arhats, protecteurs de la loi, est dû à une initiative d'origine chinoise, il s'en faut que l'arhat type soit né en Chine; il suffit, pour s'en rendre compte, de se reporter au recueil disciplinaire de la secte des Sarvâstivâdin, qui fait nettement allusion au cas très spécial d'un moine nommé Piṇḍolabharadvaja, condamné, en punition d'une faute à une longue survie corporelle. MM. Sylvain Lévi, Edouard Chavannes, et, plus récemment, M. Przyluski (1), ont étudié la légende de Piṇḍola. En raison de son exceptionnelle survie, Piṇḍola est « l'ancien de la communauté, aussi longtemps qu'elle doive durer; à ce titre il a une place d'honneur dans tous les réfectoires; dans tous les banquets de moines, on le traite en hôte vénéré ».

La communauté des moines était essentiellement « la communauté des quatre points de l'espace (*câturdiça saṃgha*) » ; cette conception à quatre compartiments suggérait naturellement l'idée de quatre protecteurs distincts opérant chacun dans sa région propre. Un premier ensemble de textes, connus par des traductions chinoises du IVe siècle, nous présente en effet Piṇḍola dans un groupe de quatre arhats, avec Mahâkâçyapa, Râhula et Kuṇḍopadhânîya. Le même procédé de l'esprit appliqué à chacune des divisions de l'espace, leur assigne respectivement quatre protecteurs au lieu d'un; on arrive ainsi au groupement des seize *arhats* que nous rencontrons pour la première fois dans un texte de patrologie mahâyâniste dont l'original ne peut pas remonter au-delà du IVe siècle. C'est ce groupement que consacre

(1) LXIII; XXX, ch. IV.

définitivement la traduction de Nandimitra, rapporté de l'Inde par Hiuan-tsang au VIIe siècle. Aussitôt traduit, l'ouvrage fait autorité, et la liste des seize personnages est établie ainsi : 1º Piṇḍola Bhâradvâja; 2º Kanakavatsa; 3º Kanaka Bhâradvâja; 4º Subinda (?); 5º Nakula ; 6º Bhadra; 7º Kâlika ; 8º Vajraputra ; 9º Gopâka ; 10º Panthaka ; 11º Râhula; 12º Nâgasena; 13º Iṅgada; 14º Vanavâsi; 15º Ajita; 16º Cûḍapanthaka. » (1) Nous reprendrons cette question dans une étude plus spécialement consacrée aux sources d'inspiration de l'iconographie bouddhique chinoise et aux représentations figurées du groupe des seize ou des dix-huit arhats; il nous suffisait, pour rester dans les limites de la présente étude, de rattacher à la tradition indienne des thèmes iconographiques dont la fortune chinoise fut particulièrement brillante. Nos recherches ultérieures ne se limiteront d'ailleurs pas au groupe des seize *arhats* : l'iconographie du Bouddhisme chinois nous fournira d'autres types : groupe des vingt dieux, formes féminines de Kouan-yin, Wei-t'o, etc. Il nous faut cependant, avant d'aborder l'étude des prolongements chinois du Bouddhisme indien, accorder une attention toute particulière à l'iconographie d'une contrée qui reçut — et conserva stéréotypé — l'apport indien originel : nous voulons parler du Tibet.

(1) LXIII, p. 284.

IVe PARTIE. — LE TIBET

CHAPITRE I. — APERÇU HISTORIQUE

§ 1er. *Les débuts du Bouddhisme.*

Durant de longues années, le prosélytisme bouddhique hésita devant la barrière de l'Himâlaya. L'Inde était conquise, la Chine et le Turkestan largement entamés, que le Tibet restait encore inaccessible. Ce ne fut qu'à la fin de la première moitié du VIIe siècle de notre ère que le Bouddhisme indien, déjà contaminé par les influences çivaïtes, s'insinua au Tibet. Deux événements importants : la conversion du roi Sroṅ-bcan-sgam-po et son mariage avec une princesse bouddhiste, fille du roi du Népal Amçuvarman, favorisèrent l'expansion de la nouvelle croyance. L'ambition du roi barbare allait seconder la propagande bouddhique. Au puissant empereur T'ang T'ai-tsong, il demanda en mariage une princesse de la famille impériale. Le monarque tibétain parlait en vainqueur, il fut obéi à demi, et les Chinois crurent « sauver la face » en lui accordant la main d'une princesse apanagée, fervente bouddhiste. Deux influences puissantes se fixèrent ainsi au cœur du pays barbare; le Bouddhisme reconnaissant éleva au rang d'incarnations de la déesse Târâ les deux princesses étrangères, épouses du roi. Le prosélytisme opportuniste d'un moine fameux, nécromant et docteur, affermit définitivement la situation du Bouddhisme dans une région encore vouée aux pratiques d'une magie assez grossière. Originaire de l'Udyâna (Kafiristan), le pays des sorciers, Padmasambhava fut appelé au Tibet par le roi Khri-sroṅ-lde-bcan (755-797). Il lutta surtout contre les sectateurs de la religion Bon, et rencontra, au début de son apostolat, dans le peuple, aussi bien que dans l'entourage immédiat du roi, une très violente opposition. Les réformes entreprises au XIe siècle par le pandit Atîça et au XIVe par le moine tibétain Tsoṅ-kha-pa (bTsoṅ-kha-pa) semblent avoir eu pour résultat de modifier, dans les sens de l'orthodoxie mahâyâniste, les enseignements de ce personnage énigmatique. Les livres de l'église réformée ne le nomment qu'à regret et les chroniqueurs sont particulièrement sobres, presque haineux, lorsqu'ils sont dans l'obligation de mettre en scène; c'est en fait dans sa légende (1), et non dans les écrits de l'église orthodoxe, qu'il importe de chercher les meilleurs éléments d'information. Il est même permis de supposer — et des documents iconographiques de la mission d'Ollone paraissent justifier cette hypothèse — qu'une partie de la légende du grand prophète des Bon, gÇen-rab-mi-bo est calquée sur la légende de Padmasambhava (2).

Les sorciers ou magiciens sont d'ailleurs légion, et l'église orthodoxe en célèbre — sans enthousiasme semble-t-il — quatre-vingt-quatre, qui représentent l'extrême-gauche anarchique d'un bouddhisme décadent, mais cependant très en faveur dans les masses populaires.

Le roi Khri-sroṅ-lde-bcan fit également appeler à sa cour le moine indien Kamalaçila, célèbre par ses controverses avec le Ho-chang Mahâyâna; ce personnage assurait à ses disciples les bénéfices d'un *nirvâṇa* obtenu par l'observance de la plus stricte ataraxie.

L'apogée du pouvoir politique et militaire du Tibet se place au début du IXe siècle. Nous avons vu, en traçant une esquisse rapide de l'histoire politique du Turkestan, que les Tibétains avaient occupé une partie des oasis et que leur domination s'étendait jusqu'à Touen-houang, aux limites occidentales de la Chine propre. Le traité conclu en 822

(1) LXXXV, p. 13-56; LXXX; LXXIV.
(2) LXXIIb, p. 449.

Tibet. — Maitreya.

entre le pieux roi Khri-gcug-lde-bcan-ral-pa-čan et l'empereur de Chine, traité dont le pilier inscrit du Jo-Khań à Lha-sa nous a conservé le texte, montre bien que les barbares vaincus, par suite de la défection du royaume de Nan-tchao, n'en traitaient pas moins de puissance à puissance avec l'empire chinois.

§ 2. *Les réformateurs.*

En assagissant la combativité des hordes du Tibet, le Bouddhisme ébranla la puissance politique de ce pays : les successeurs de sKyid-lde-ñi-ma-mgon, fondateur de la dynastie Ra-la du Haut Mńa-ris, délaissèrent peu à peu les devoirs de leur charge pour ne plus songer qu'à l'œuvre de leur salut ; quelques-uns entrèrent même en religion, et ce fut une sorte de roi-lama, Byań-čhub-'od, qui, au XIe siècle, invita le fameux pandit Atîça (Dipâńkaraçrîjñâna du couvent de Vikramaçîla), à se rendre au Tibet. Grand voyageur — il n'avait pas hésité à faire le voyage du Suvarṇadvîpa (Palembang) (1) pour compléter son éducation religieuse au contact de l'enseignement épuré des Sarvâstivâdins — Atîça, s'inspira des études poursuivies pendant dix ans à Sumatra pour réformer le Bouddhisme tibétain, encore soumis à l'influence de la démonologie tantrique et du mysticisme Bon. Auteur d'ouvrages philosophiques réputés, il n'hésitait cependant pas à recourir, lorsqu'il le jugeait à propos, à des récits familiers calqués sur les *jâtakas* (récits des existences antérieures des Bouddhas). Il mourut en 1058, accablé par un labeur ininterrompu de plus de dix années, ayant mené à bonne fin l'œuvre de réforme entreprise dès son arrivée au Tibet.

S'annexant sans cesse de nouveaux domaines spirituels, alors que sa puissance politique allait déclinant, le Bouddhisme connut, au XIIIe siècle, une période d'exceptionnel rayonnement. Les Mongols, qui entretenaient dès le

(1) LXVI, p. 8.

VIIIe siècle des relations de voisinage avec des Turcs ouïgoures convertis au Bouddhisme, acceptent alors la religion de Çâkya-muni (1). Un neveu du fameux Sa-skya paṇḍita, le lama 'Phags-pa (Matidhvajaçrîbhadra (1239 ou 1240 — 1280 ou 1281), dota les Mongols d'une nouvelle écriture, basée sur l'alphabet tibétain ; cette graphie assurait une transcription plus perfectionnée du chinois (1). Khubilai Khan, qui avait transféré sa capitale à T'ai-tou (Pékin) (1264), éleva 'Phags-pa à la dignité de Ti-che (maître impérial). La chute des Mongols (1368), marqua une éclipse du Bouddhisme, qui ne revint en faveur qu'à la fin du XVIe siècle, plus de deux cents ans après la réforme accomplie par bCoṅ-kha-pa (1355-1417), descendant spirituel du pandit Atîça.

Le moine tibétain bCoṅ-kha-pa fonda « sur le dogme métaphysique de la transmigration une constitution hiérarchique du clergé qui combinait, dans un compromis harmonieux, les avantages contradictoires de l'élection et de l'hérédité : deux papes, l'un à Lha-sa, l'autre à Ta-chi-lhun-po (bKra-çis-lhun-po), se partageaient à des titres divers l'autorité suprême sur le clergé tout entier » (2). Les religieux de l'Église réformée par bCoṅ-kha-pa, les dGe-lugs-pa, se soumettaient à la règle du célibat. En fait, la réforme de bCoṅ-kha-pa fut surtout d'ordre disciplinaire, et aboutit à la suppression d'une partie des rituels çaktas introduits par le çivaisme (3).

La faveur dont jouissait le lamaïsme s'étendait alors bien au-delà des frontières politiques du Tibet ; c'est l'époque où les empereurs Ming font imprimer des traités d'iconographie bouddhique nettement influencés par le lamaïsme. En 1566, un chef des Ordoss se convertit au lamaïsme, et son oncle, le fameux Altan Khan, reconnut la suprématie de l'Église jaune. En 1575, Altan Khan conféra au grand lama de Lha-sa le titre de Dalaï (tibétain : rgya-mcho=océan) Lama Vajradhara.

(1) Pelliot (P.), cours 1922-1923, Collège de France.
(2) XX, I, p. 170.
(3) LXXXVI, p. 70.

Tibet. — Mañjuçrî.

§ 3. *Le pouvoir temporel.*

La suprématie de l'Église orthodoxe un instant menacée
(1630) par la révolte du gouverneur de la province de Caṅ, qui
avait détrôné le roi et favorisait ouvertement les sectes hétérodoxes, fut rétablie, à l'appel de Blo-bzaṅ-rgya-mcho, par les
Mongols du Koko-nor. Investi de l'autorité temporelle, le
Dalaï-lama vint habiter le palais des rois du Tibet, situé sur
le dMar-po-ri (1). A cette nouvelle demeure du chef suprême
du Bouddhisme tibétain, incarnation du Bodhisattva Avalokiteçvara, on donna le nom de Potala, évocateur des lieux mêmes
où la tradition bouddhique place la résidence terrestre du
Bodhisattva.

Les empereurs mandchous s'immiscèrent progressivement
dans les affaires tibétaines. En 1793 (la 58e année de la
période K'ien long), un édit impérial vint corriger les procédés « frauduleux » employés pour déterminer les réincarna-
tions, en obligeant les hauts fonctionnaires tibétains à laisser
au sort le soin de désigner, parmi le groupe d'enfants ayant
déjà satisfait à un certain nombre d'épreuves éliminatoires, la
nouvelle incarnation. Le candidat désigné devait être investi
de ses fonctions par le gouvernement impérial; ainsi la Chine
contrôlait efficacement l'Église lamaïque.

§ 4. *L'art bouddhique au Tibet.*

Ce bref aperçu historique oppose très nettement à la
pauvreté des possibilités tibétaines le caractère déterminant
de l'influence religieuse de l'Inde et de l'emprise politique de
la Chine. La ruine du Bouddhisme indien avait fait du Tibet
le véritable centre des études et de la propagande bouddhiques. Dans ce domaine très riche de l'iconographie lamaïque
nous serons en mesure d'utiliser « l'appui mutuel que se
prêtent les monuments et les textes ». L'Inde ne fut cependant

(1) Sur les Dalaï-lamas, voir LXXXII ; LXXXIV.

pas la seule source d'inspiration de l'iconographie tibétaine :
la Chine des T'ang proposa également ses images pieuses à la
vénération des lamaïstes, mais cette influence fut de courte
durée ; aussi ne rencontrons-nous pas, dans le panthéon du
Bouddhisme tibétain, d'innovations ou de compositions purement chinoises comme Wei-t'o ou le groupe des vingt dieux.
Le seul type du Bodhisattva des T'ang, au riche vêtement,
aux parures somptueuses, celui-là même qui nous apparaît à
Long-men, semble avoir trouvé place dans le répertoire de
l'iconographie lamaïque. La Chine reste, tout compte fait,
nettement tributaire de l'art bouddhique népalo-tibétain. Le
XIIIe et le XIVe siècles marquent l'apogée de cette influence ;
il suffit de rappeler, avec MM. Sylvain Lévi et Pelliot, que
la plupart des fondeurs réputés étaient népalais et que l'un
d'eux, nommé A-ni-ko (Anigo), fut employé à des travaux
particulièrement délicats de fonte et de restauration (1).
Les recueils d'iconographie édités à Pékin, sur l'ordre des
empereurs Ming, attestent encore la vitalité de ces influences
népalo-tibétaines, si proches de l'ancienne tradition indienne.

Par les miniatures népalaises et bengalies (2) les peintures
tibétaines se rattachent à la grande tradition d'Ajaṇṭâ,
toutefois, alourdies par l'emploi du poncif, qui, tout en respec-
tant les grandes lignes de la composition, compromet irrémé-
diablement l'élégance du trait, les peintures tibétaines
séduisent surtout par leur richesse décorative ; elles accusent
de subtils rapports de teintes, tandis que des oppositions
hardies éloignent ou rapprochent du spectateur le Bouddha
aux couleurs d'or éteint ou la ḍakînî buveuse de sang.

Des *Çilpaçastras*, ces traités d'iconométrie basés sur des
observations d'ordre physiognomonique, transpositions dans
l'ordre physique d'un ordre moral et intellectuel dont cet
élément physique exprime l'action, les peintres tibétains ont
retenu l'essentiel. La traduction, due à M. Laufer, d'un
texte comme le *Citralakṣaṇa* fournit, sur ce sujet, d'utiles
renseignements, et la courte analyse du premier chapitre de

(1) XX, III, pp. 185-186.
(2) IX.

Tibet. — Târâ

cet ouvrage, donnée dans le *dPag-bsam-ljon-bẕaṅ* montre qu'à une époque récente ce texte gardait, aux yeux des lamas, une appréciable valeur didactique. Par son conservatisme systématique, la peinture tibétaine nous ramène à des faits purement indiens ; mais la fixité des types ne doit pas nous faire illusion sur l'étonnante souplesse qui se révèle dans le traitement du détail. Les petits bronzes illustrent particulièrement cette observation. M. Jacques Bacot a très justement remarqué « qu'il n'existe pas deux répliques identiques d'une même divinité (1) ». Une enquête menée sur place permettrait une étude fructueuse et une localisation des styles : Lha-sa, Ta-chi-lhun-po et le Dergué constitueraient des centres de recherches du plus haut intérêt. Cette suggestion justifie le maintien du classement par sujets que nous observons encore ici.

(1) LXXV, p. 12-13.

CHAPITRE II

LES PEINTURES ET LES BRONZES

§ 1. *Les scènes biographiques. Généralités.*

Les scènes figurées de la vie du Bouddha se distinguent par l'absence complète de tout élément tantrique; elles forment, au point de vue du style, deux séries distinctes. La première série, déjà connue par des reproductions publiées dans deux ouvrages de M. Grünwedel, s'apparente, en dépit d'une certaine raideur résultant de l'emploi du poncif, à la tradition picturale indienne : c'est à la fois une évocation du tracé élégant et souple d'Ajaṇṭâ et des qualités décoratives et plastiques de cet art du Bihâr, importé par Atîça, qui exerça une influence directe sur l'art du Tibet jusqu'à la fin du XIIᵉ siècle (1). Sur chacune des peintures de la seconde série apparaît un Bouddha de grandes dimensions, assis à l'orientale sur le péricarpe d'un lotus; de nombreuses scènes miniaturées entourent le personnage central. Ces différentes scènes sont séparées les unes des autres par des cours d'eau sinueux, des nuages et des rideaux d'arbres. Le premier épisode figure habituellement à la partie supérieure de la peinture. Les personnages de l'entourage immédiat du Bouddha, *bhikṣus* et brahmanes sont représentés conformément aux données traditionnelles; quant aux guerriers, ils portent des armures semblables à celles dont sont revêtus les hommes d'armes représentés sur les fresques de Touen-houang.

Les Tibétains, constatons-le une fois de plus, ont conservé

(1) LXXIV, p. 37.

Tibet. — Padmasambhava. (Mission Jacques Bacot.)

avec la plus louable fidélité les traditions iconographiques léguées par l'Inde bouddhique, leurs naïves illustrations sont imprégnées d'un charme évocateur, issu d'une connaissance parfaite des textes sacrés. La liaison entre ces peintures et les textes est d'ailleurs assurée par de brèves inscriptions, de même nature que celles qui, au IIe siècle avant notre ère, facilitaient aux pèlerins de Bhârhut l'intelligence des scènes représentées sur les portes et les balustrades du *stûpa*.

§ 2. *Scènes de la vie du Bouddha* (1re série).

A. LE CYCLE DE LA NAISSANCE.

1. Investiture de Maitreya dans le ciel des *Tuṣitas*. La scène est représentée à la partie supérieure de la planche I. Le futur Bouddha investit solennellement de son turban *(paṭṭa maula)* son successeur, le Bodhisattva Maitreya.

2. Le départ du ciel des *Tuṣitas*. Le Bodhisattva quitte le ciel des *Tuṣitas* pour s'incarner, sous la forme d'un éléphant blanc, dans le sein de sa mère.

3. La naissance du Bodhisattva. La mère du Bodhisattva, la reine Mâyâ, tient une branche de l'arbre *açoka;* l'enfant jaillit de sa hanche droite; Brahmâ (représenté avec quatre têtes) et Indra reçoivent l'enfant dans un linge blanc.

4. Le Bodhisattva fait sept pas dans chacune des directions de l'espace; il est ensuite baigné par les rois *nâgas*, Nanda et Upananda. Cette scène est représentée à la partie inférieure de la peinture. Le Bodhisattva, complètement nu, vient de faire les sept pas; les lotus, nés sous ses pas, forment une croix parfaitement visible.

B. LES JEUX, LA VIE DE PLAISIR DANS LE GYNÉCÉE.

1. Devadatta tue un éléphant. Le Bodhisattva jette le cadavre au-delà des limites de la ville.

2. Les exercices physiques. Le Bodhisattva triomphe facilement des jeunes Çâkyas qui lui ont été opposés. Deux épisodes sont représentés à la partie inférieure de la peinture : la natation et le tir à l'arc.

3. La vie de plaisir dans le gynécée. Après son mariage, le Bodhisattva se livre aux plaisirs mondains dans un palais que lui a fait construire le roi son père. Cet épisode occupe la partie centrale de la peinture *B*. Le Bodhisattva est assis sur un trône garni de coussins, dans la pose du « délassement royal ». Les sept joyaux, attributs du monarque universel, sont groupés autour de lui.

4. Les quatre sorties. Le Bodhisattva rencontre successivement un vieillard, un malade et un mort. Cette soudaine révélation des misères humaines le trouble profondément ; la rencontre d'un religieux lui apporte quelque réconfort. Les quatre scènes sont étroitement liées à l'épisode central. Le Bodhisattva apparaît derrière la balustrade qui entoure le parc attenant à son palais. Les rencontres du vieillard, du malade et du religieux sont réunies en une seule représentation ; le mort est représenté à la partie inférieure de la peinture, près de la porte du palais.

5. Le départ de la maison. Le Bodhisattva, protégé par les dieux, s'échappe de la ville de Kapilavastu. Cette scène est représentée à la partie supérieure de la peinture.

C. La coupe des cheveux et les austérités.

1. Le Bodhisattva décide, après avoir quitté ses parures mondaines, de sacrifier sa chevelure ; les mèches sont recueillies par des divinités agenouillées.

2. La visite aux précepteurs brahmaniques. Après avoir renoncé au monde, le Bodhisattva se met à la recherche d'un maître spirituel *(guru)*.

3. Les six années d'austérités. Le Bodhisattva se livre aux plus dures mortifications. Cette scène est représentée à la partie supérieure de la peinture.

D. L'assaut de Mâra.

Cette scène suit de très près les données du *Lalita-vistara ;* la horde des démons, groupée autour du Bodhisattva, réalise assez fidèlement la description prolixe du chapitre XXI. Le Bodhisattva prend la terre à témoin en la touchant de sa main

Tibet. — Légende de Bouddha. La coupe des cheveux.
(Mission Jacques Bacot.)

Tibet. — Légende de Bouddha. L'assaut de Mâra.
(Mission Jacques Bacot.)

droite. Le démon se tient à la gauche du Prédestiné; il est représenté l'arc à la main; ses filles sont placées à proximité du trône et représentées, conformément aux données du *Lalita-vistara*, sous l'aspect de femmes aux différents âges.

E. L'INVITATION A LA PRÉDICATION.

Les cinq premiers disciples sont groupés autour du Bouddha. Brahmâ portant le *cakra* et Indra présentant la conque sont agenouillés devant le trône du Bienheureux. L'attitude respectueuse et suppliante des dieux nous remet en mémoire le passage du *Lalita-vistara* dont cette scène paraît être l'illustration : « Et ce qu'il y a ici, dans la réunion des trois mille grands milliers de mondes, de gardiens du monde, Çakra (Indra) ou Brahmâ, ou autres qu'eux, fils des dieux, ayant un grand pouvoir, et connus pour leur grand pouvoir, tous étant tombés aux pieds du Tathâgata en le saluant avec la tête le prièrent de tourner la roue de la Loi ».

F. LE GRAND MIRACLE DE ÇRÂVASTI.

Ce miracle a lieu en présence du roi Prasenajit et des habitants de Çrâvasti pour la plus grande confusion des six maîtres hérétiques.

La peinture évoque ce qui, à nos yeux, constitue la matière essentielle du miracle : la multiplication des images. La description de cette scène se trouve dans le Divyâvadâna (1). A la partie inférieure de la peinture se tient, hérissé et menaçant, le génie Pañcika, terreur des hérétiques.

G. LA PRÉDICATION DANS LE CIEL DES TRENTE-TROIS DIEUX. LA DESCENTE DU CIEL.

Le Bouddha monte au ciel des trente-trois dieux pour y enseigner la loi à sa mère; puis, à la requête de Maudgalyâyana, il redescend sur terre en empruntant le triple escalier, construit, pour la circonstance, par l'architecte des dieux.

(1) II, p. 183-185.

1. Le Bouddha enseigne la loi à sa mère. Cette scène est représentée à la partie supérieure de la peinture.

2. La descente. La descente s'effectua près de Sânkâçya au moyen d'une échelle construite par Viçvakarman, l'architecte des dieux ; Brahmâ se tient à la droite du Bouddha, Indra à sa gauche. La nonne Utpalavarnâ se présente sous l'aspect d'un monarque universel pour recevoir le Bouddha.

H. LE PARINIRVÂNA.

« Les préparatifs terminés, le maître se coucha sur le côté droit, réunit les deux pieds et abandonna son esprit à la méditation, à la pensée de l'illumination, à la pensée du *nirvâna* ». Les disciples et les dieux sont groupés, dans les attitudes les plus variées autour du lit du Bienheureux.

§ 3. *Scènes de la vie du Bouddha* (2e série).

Nous nous trouvons en présence d'illustrations de la partie biographique du Dulva (discipline), version tibétaine du Vinaya des Mulâsarvâstivâdins. Ces peintures constituent un ensemble iconographique très important ; l'influence chinoise, bien que très discrète, apparaît dans le traitement du décor. Il est possible que cet ensemble, formé d'éléments traditionnels, n'ait été composé qu'au XVIIIe siècle, pour illustrer la biographie, dérivée du Dulva, analysée par Schiefner (1).

A. (1) LE BOUDDHA CENTRAL ESQUISSE LE GESTE DE L'ARGUMENTATION (*vitarka mudrâ*).

Les premières scènes (en haut, à la droite du spectateur) sont postérieures à l'Illumination. Durant la cinquième semaine qui suivit cet événement, le Bouddha fut l'hôte du *nâga* Mucilinda qui, pour le protéger du froid, l'entoura de ses replis et l'abrita sous ses crêtes (n° 0). Les scènes suivantes sont consacrées à l'offrande des quatre bols par les rois gardiens des quatre points cardinaux (n° 1), à l'invitation du *nirvâna* (n° 2) et à l'offrande d'Indra (n° 3). Les dieux invitent ensuite le Bouddha à enseigner la Loi (n° 4). Sur la route qui

(1) LXXXIII.

le conduit à Bénarès, le Bienheureux rencontre l'hérétique Upagaṇa (n⁰ 5) ; puis il traverse miraculeusement le fleuve, au grand étonnement du batelier qui lui avait réclamé le prix du passage (n⁰ˢ 6 et 7). La scène suivante représente les cinq ascètes (n° 8), les premiers compagnons du Bouddha, témoins de ses macérations. Se rappelant le départ inopiné de Gautama et le repas substantiel qu'il fit après avoir abandonné la vie ascétique, ils restent tout d'abord impassibles, puis une force inconnue les agite, et bientôt, « rompant la convention », chacun d'eux va au-devant de lui. L'un s'avançant prend sa sébille et son manteau, l'autre lui présente un siège ; celui-ci a un appui pour ses pieds ; celui-là lui apporte de l'eau pour laver ses pieds (n° 9). « Vous êtes le bienvenu Āyuṣmat Gautama ! Vous êtes le bienvenu ! Asseyez-vous, Āyuṣmat Gautama, sur ce siège (préparé pour vous) ». Les cinq écoutent ensuite (n° 10) une courte exhortation ; leur tête est rasée et ils portent déjà le vêtement des moines bouddhiques. Un peu au-dessus de cette scène se trouve une représentation de la première prédication (n° 11). Plusieurs scènes sont consacrées à l'histoire du jeune Yaças, fils d'un banquier de Bénarès (n⁰ˢ 12-18). Mâra, le démon, revêt ensuite les apparences d'un jeune brahmane pour annoncer au Bouddha qu'il n'est pas encore libéré du joug des passions (n° 17). Le Bouddha lui répond :

Oui, certes, toutes les passions, tant divines qu'humaines
J'en suis complètement délivré !
Pervers il en est ainsi, sache-le bien.

L'imagier ne manque pas de représenter la conversion des frères Kâçyapa.

Une émission de flammes et de fumée réduit tout d'abord le serpent de l'*agni caraṇa* (temple du feu) (n° 18); le reptile dompté vient se réfugier dans le bol à aumônes du Bienheureux (n° 19). Le Bouddha éteint et rallume miraculeusement les bûchers préparés par les ascètes (n⁰ˢ 20-21), puis il reçoit la visite des quatre grands rois (n° 22) et marche sur les flots de la rivière Nairañjanâ (n° 23). Ce dernier prodige amène la conversion de Kâçyapa d'Uruvilva et de ses disciples, puis de ses deux frères et de leurs disciples (nᵒˢ 24-25). Les autres scènes représentent les miracles exécutés par le Bouddha à la requête du roi Bimbisâra (nᵒˢ 26-29), le don du parc des bambous (nᵒ 30), l'achat du Jetavana par Anâthapiṇḍada (nᵒˢ 31-33). La victoire de Çâriputra sur l'hérétique Agnidatta transformé en serpent polycéphale (nᵒ 34), l'évaluation de la superficie du Jetavana par Çâriputra et Anâthapiṇḍada (nᵒ 35).

> *B.* (1) LE BOUDDHA CENTRAL FAIT LE GESTE DE LA
> MISE EN MARCHE DE LA ROUE DE LA LOI *(dharma-*
> *cakrapravartanam)*.

La partie épisodique est consacrée au retour du Bouddha dans sa ville natale; le Bienheureux accomplit toute une série de miracles, si bien que les orgueilleux Çâkyas reconnaissent sa supériorité (nᵒˢ 38-43). Le roi Çudhodana contemple ce spectacle d'un œil étonné (nᵒ 44). Maudgalyâyana accomplit, à son tour, quelques miracles qui ont pour résultat d'amener la conversion du roi Çuddhodana (nᵒˢ 45-54), bientôt suivie de celle du jeune Çâkya (nᵒ 55). Les nouveaux convertis sont tondus par le barbier Upâli (nᵒ 57), se baignent (nᵒ 58). Upâli est admis dans la communauté (nᵒ 60).

Les épouses de Çâkya-muni et les femmes du palais tentent, sans aucun succès, de ramener le Maître aux charmes de la vie mondaine. Sans leur prêter la moindre attention, le Bouddha accomplit quelques-uns de ses prodiges familiers (nᵒ 62) : Gopâ et Mṛgajâ se convertissent. Yaçodharâ, « aveuglée par son amour », se berce encore du fallacieux espoir de séduire son ancien époux. Se rendant rapidement compte de l'inanité de ses efforts, elle se jette du haut de la terrasse du palais ; le Bouddha l'arrête miraculeusement dans la chute (nᵒ 63). La jeune Ananda entre ensuite dans les ordres (nᵒˢ 64*ᵇⁱˢ*-67). Les dernières représentations sont consacrées à l'épisode bien connu de l'offrande du singe. L'animal, muni du bol à aumônes emprunté à Ananda, grimpe à l'arbre *talâ*. Redescendu de l'arbre, il présente au Maître le récipient rempli d'un suc savoureux (nᵒ 69). Le Bouddha n'ayant pas accepté le suc trop épais, le singe l'additionne d'eau (n° 71), puis, il « s'en va hâter l'instant de jouir de la renaissance privilégiée que lui assure le mérite de sa bonne œuvre » en se précipitant dans une source qui jaillit au pied même de l'arbre *talâ* (n° 73).

C. (1) Le Bouddha central dispense ses faveurs (*vara mudrâ*).

Le nâga Elâpatra rend visite à Naradatta et lui demande des éclaircissements au sujet d'une pièce de vers dont le sens lui échappe. Elâpatra se rend ensuite auprès du Bouddha (n° 75). Suivant une coutume chère aux peintres tibétains, notre enlumineur a réuni deux phases distinctes d'un même épisode en plaçant devant le Bouddha le roi *cakravartin,* détenteur des sept joyaux, c'est-à-dire le *nâga* sous une forme d'emprunt, et ce même *nâga* sous sa forme naturelle de serpent polycéphale. Vajrapâni se tient auprès du *nâga* (n° 75).

L'épisode suivant met en scène le jeune Naradatta qui porte désormais le nom de Kâtyâyana; Kâtyâyana se rend à Ujjayinî pour y enseigner la Loi au roi Pradyota (1) et à son peuple. Une jeune fille nommée Keçinî se convertit et épouse le roi (n°s 76-82).

Les scènes sont consacrées à l'histoire du roi Rudrâyana. Le roi Bimbisâra du Magadha reçoit une armure merveilleuse qui lui est présentée au nom du roi Rudrâyana de Roruka (n° 84), et forme le projet d'offrir au roi Rudrâyana une image du Bouddha. Le Bienheureux projette son ombre sur une toile, laissant aux peintres le soin de répartir les couleurs. Le tracé des contours, la répartition des couleurs, la façon dont la toile est fixée au châssis (n°s 85-85^*bis*), rappellent les procédés encore en usage dans les ateliers lamaïstes. L'image est ensuite envoyée au roi Rudrâyana qui la reçoit avec les marques du plus grand respect (n° 86) et lui réserve une place d'honneur dans son palais (n° 87). Les scènes suivantes sont consacrées à la conversion (n° 87), ainsi qu'à l'ordination du roi (n° 90). Rudrâyana est mis à mort sur l'ordre de son fils

____

(1) XXXII, p. 379 [116 T. à p.].

Çikhaṇḍin (n° 93). Kâtyâyana s'éloigne de Roruka, non sans avoir prévenu deux bons ministres, Hiru et Bhiru, de la ruine imminente de la ville. Hiru et Bhiru s'enfuient à leur tour. La ville est détruite par une pluie de sable (n° 96). Kâtyâyana, son disciple Çyâmâ et la divinité de Roruka se rendent, par la voie des airs (n° 97) dans plusieurs villes. Les dernières représentations sont consacrées aux aventures de Kâtyâyana et de Çyâmâ (n°s 98-107).

D. (1) LE BOUDDHA CENTRAL FAIT LE GESTE DE PRENDRE LA TERRE A TÉMOIN *(bhûmîsparça mudrâ)*.

Les premières images retracent la légende du *yakṣa* d'Aṭavî (n°s 108-112). Dans une existence antérieure, Stoṅthub — c'est le nom que portait alors celui qui allait devenir un *yakṣa* — exerçait les fonctions de chef de caravane; à la suite d'une faute grave, il fut mis à mort (n° 113). Avant de mourir, il fit le vœu de renaître comme *yakṣa*. Vaiçravaṇa, le souverain des *yakṣas*, lui assigna comme résidence l'endroit même où il avait vécu (n° 114). Le *yakṣa* se livre alors à toutes sortes d'exactions : chaque jour, un char rempli d'aliments et un homme devaient lui être livrés. La victime, désignée par voie de tirage au sort, pouvait être remplacée par un enfant. Un maître de maison à qui un fils vient de naître est désigné par le sort et se montre très affligé ; sa femme éplorée offre un sacrifice. Sur ces entrefaites, le Bouddha arrive à cet endroit ; le *yakṣa* veut lui en interdire l'accès ; aussitôt Bhagavat emprunte la forme d'un redoutable *preta* qui effraye le *yakṣa* ; puis il lui enseigne la Loi sous sa forme naturelle et obtient la promesse qu'il ne nuira plus aux gens (n° 116).

Pendant ce temps, le maître de maison prépare les aliments destinés au *yakṣa* (n° 117) ; puis il place son fils sur un petit chariot et le conduit à la demeure du *yakṣa* (n° 118); ce dernier prend l'enfant et le tend au Bouddha (n° 119) qui le rend à son père. L'enfant reçoit alors le nom de Hatthâlavaka ; il est proclamé roi d'Aṭavî.

Quelques scènes retracent l'histoire de Çyâmâvatî épouse du roi Udayana et fille du ministre Bhiru (n°s 122-132).

On aperçoit, immédiatement au-dessous du lotus où trône le Bouddha central, un abri sous roche qui sert de lieu de rendez-vous aux maîtres hérétiques (nᵒ 134); tous portent le chignon des brahmanes, un pagne léger leur ceint les reins. Les hérétiques sont, l'un après l'autre, le jouet des illusions créées par Mâra; deux d'entre eux accomplissent, avec force gestes et contorsions, le miracle classique de l'eau et du feu (nᵒ 135). Abusés par les subterfuges du démon, les hérétiques demandent au roi Bimbisâra d'instituer une compétition entre eux et le Bouddha. Le Maître décide alors d'accomplir à Çrâvasti le miracle qui hâtera la confusion des hérétiques (nᵒ 138). Les scènes suivantes représentent les étapes du voyage : Vaiçâli, Kauçâmbi, Bénarès, etc. (nᵒˢ 139-143).

E. (1) LE BOUDDHA CENTRAL A LES MAINS RÉUNIES EN MÉDITATION *(dhyâna mudrâ).*

Le Maître enseigne la Loi dans le ciel des trente-trois dieux (nᵒˢ 146-147). L'échelle qui facilite la descente est posée contre une assise rocheuse de facture nettement chinoise. Le Maître, entouré de quelques disciples, reçoit l'hommage d'un monarque barbu qui ne peut être que le roi Udayana, ce qui tendrait à prouver que l'artiste s'est inspiré de la version tibétaine analysée par Schiefner (nᵒ 149). Les premières scènes de la légende de Devadatta sont représentées à la partie supérieure de la peinture; à la gauche du spectateur, Daçabala Kâçyapa enseigne la magie à Devadatta (nᵒˢ 150-151). Il obtient rapidement les pouvoirs magiques convoités (nᵒ 153); et en fait usage pour subjuguer le prince Ajâtaçatru, fils du roi Bimbisâra. Il se transforme en cheval blanc, en éléphant, en petit enfant (nᵒˢ 154-156). Le prince offre aussitôt, au perfide cousin du Bouddha et à ses amis, cinq cents bols remplis de nourriture. Cet épisode est évoqué sur notre peinture : deux serviteurs présentent à Devadatta deux plats chargés de mets (nᵒ 157). Ces offrandes renouvelées empêchent les disciples schismatiques d'être éprouvés par la famine qui sévit dans toute la région. Le

Bouddha prive Devadatta de ses pouvoirs magiques (n° 158). Çâriputra et Maudgalyâyana ramènent dans le giron de la Communauté les disciples trompés par Devadatta (n° 159). Devadatta, lorsqu'il se voit abandonné, entre dans une grande colère et se lance à la poursuite des fugitifs; mais il est arrêté par un profond fossé que Çâriputra fait apparaître devant lui (n°s 160-165).

Le Bouddha prononce une sorte d'anathème contre Devadatta. « Moines! que la congrégation annonce ouvertement à Râjagṛha que le caractère de Devadatta est devenu tout autre qu'il n'était et que tout ce qu'il fait et dit ne doit pas être imputé au Bouddha, à la Loi et à l'Eglise, mais uniquement à lui-même ». Ananda s'acquitte de cette mission (n° 165). Le Bouddha, plein de commisération, guérit Devadatta malade : du pic du Vautour, il étend miraculeusement son bras jusqu'à toucher la tête du traître.

Les scènes suivantes représentent l'histoire du jeune Çroṇavimçatikoti; sa réception par le roi Bimbisâra (n° 172-175), sa conversion et son ordination (n° 177).

Excité par Devadatta, Ajâtaçatru fait emprisonner son père; le malheureux roi subit toutes sortes de tourments; la vue du Bouddha le réconforte (n° 179). A la suite d'une maladie de son fils Udâyibhadra, Ajâtaçatru revient à de meilleurs sentiments et veut faire rendre la liberté à son père; le vieux roi meurt dans sa prison au moment où l'on s'apprête à le libérer de ses liens (n° 181). Devadatta dont la popularité va décroissant veut se faire passer pour un Bouddha, il se fait enduire le corps de couleur jaune et imprimer des *cakras* sur la plante des pieds (n°s 183-184). Il fait ensuite venir de l'Inde du Sud un spécialiste habile dans l'art de construire des catapultes, mais les hommes chargés de la manœuvre de cet engin s'aperçoivent à temps que le Bouddha est la victime désignée de cet attentat; le Bienheureux fait apparaître une échelle magique, les hommes s'empressent de descendre et se rangent autour du Maître qui les convertit (n°s 185-187). Devadatta fait manœuvrer lui-même la catapulte, mais Vajrapâṇi, gardien vigilant du Bouddha, brise le projectile (n° 188), un seul fragment atteint le Bienheureux. Le sang coule, l'intervention de

Jívaka, le médecin, reste vaine; alors Daçabala Kâçyapa prononce les paroles suivantes : « Bienheureux, s'il est vrai que
vous portez également dans votre cœur vos fils et vos ennemis, que l'hémorragie s'arrête! ». Le sang cesse de jaillir
(nº 189).

F. (1) LE BOUDDHA CENTRAL PREND LA TERRE A TÉMOIN.

La partie supérieure de la peinture est consacrée à la représentation d'un épisode de l'histoire de Devadatta : La soumission de l'éléphant furieux. Devadatta soudoye tout d'abord le
cornac en lui remettant un collier de perles (nº 190). Le traître
demande ensuite au roi de lâcher l'éléphant (nº 192). L'éléphant, mis en liberté, se précipite sur le groupe formé par le
Bouddha et ses disciples (nº 194). Ananda reste seul auprès
du Maître. Le Bouddha élève simplement sa main droite et
de ses doigts jaillissent cinq lions qui se précipitent sur l'éléphant. Cette intervention des lions constitue une interpolation
assez tardive; « ce sont là, dit très justement M. Foucher, procédés de décadence et nous ne voyons pas que ce vulgaire
expédient ait jamais eu cours, même dans les œuvres les plus
médiocres du Gandhâra. » L'éléphant dompté suit le Bienheureux jusqu'au Venuvana (nº 195).

Nous n'accorderons qu'une simple mention aux scènes
représentant la légende de Pûrṇa (nºs 196-203) et à la visite
que le Bouddha rend au roi du Sûrpâraka (nº 203). Le Maître
convertit ensuite cinq cents femmes veuves (nº 206), cinq
cents ṛṣis (nº 207), le ṛṣi Vakkalin (nºs 208-209) et entre dans
la ville de Sûrpâraka (nº 210). Deux rois *nâgas*, Kṛṣṇa et
Gautama, viennent entendre l'exposé de la Loi et se convertissent (nºs 212-213).

Maudgalyâyana demande au Bouddha l'autorisation de se
rendre dans l'univers Marîcika où sa mère a repris une
nouvelle existence. Le Maître veut guider lui-même son
disciple, et, au bout de sept jours, symbolisés sur la peinture
par sept colonnes, ils atteignent l'univers Marîcika (nº 214).

Les rois vassaux apprenant que le Bouddha s'est retiré à

Çrâvasti et que ce départ est dû à l'attitude franchement hostile du roi Ajâtaçatru, se réunissent et décident de le déposséder de son royaume; ils assiégent Râjagṛha, le *nâga* Apalâla détruit les récoltes, les soldats empoisonnent les sources qui fournissent l'eau potable aux assiégés (nº 216). Une famine épouvantable et des maladies contagieuses s'abattent sur la malheureuse ville. La reine Vaidehî, mère d'Ajâtaçatru, lui conseille de solliciter le pardon du Maître. Ajâtaçatru prie le Bouddha de revenir à Râjagṛha (nº 217). Le Maître se rend à cette invitation; aussitôt les maladies cessent et les vassaux s'en retournent (nº 218).

G. (1) Le Bouddha central fait le geste de l'argumentation.

Ajâtaçatru rend visite au Bouddha (nᵒˢ 220-221). Devadatta, chassé de Râjagṛha, se rend à Kapitavastu pour se faire élire roi par les Çâkyas; il demande Yaçodhâra en mariage. Indignée, la jeune femme repousse le traître, qui tombe dans la piscine (nº 223). Les Çâkyas rejettent les propositions de Devadatta (nº 224). Sur ces entrefaites le Bouddha est invité à se rendre à Vaiçâlî où règne une maladie contagieuse. A l'étape il est l'hôte du brahmane Varṣakara (nᵒˢ 225-228); il traverse le Gange sur un pont formé de *nâgas* entrelacés (nº 231), se rend à Koṭigrâma et s'arrête dans un parc situé au nord du village (nº 232). Le Bouddha enseigne ensuite la Loi à la courtisane Amrapâlî (nᵒˢ 233-234), et dépêche Ananda à Vaiçali, lui enjoignant de prononcer la formule magique destinée à conjurer le fléau (nº 235). Le Bouddha reçoit ensuite l'hommage du jeune Kapila (nº 236).

Le Bouddha revient à Çrâvastî; les Çâkyas exhortent Devadatta à solliciter son pardon; mais le traître, animé d'intentions perfides, se présente devant le Bouddha les ongles enduits d'une substance vénéneuse; il essaie d'atteindre les pieds du Bienheureux, ses ongles se brisent (nº 248). Il est précipité dans l'enfer. Çâriputra et Maudgalyâyana lui rendent visite (nº 250), et réconfortent également Kokâlika, un des adeptes de Devadatta, qui partage le triste sort de son maître : sur la langue prodigieusement hypertrophiée du traître, une charrue, traînée par deux bœufs, trace un long sillon sanglant (n° 251). Le Bouddha enseigne ensuite la loi aux *yakṣas* (n°s 254-255).

H. (1) Le Bouddha central fait le geste de la charité.

Le Bouddha est calomnié par la religieuse Ciñcâ (n° 257-258) mais démasque l'accusatrice ; il convertit des pâtres (n° 262-263).

Les scènes suivantes sont consacrées à la rencontre d'Ananda et de la Mâtaṅgi. Ananda demande à boire à cette jeune fille de caste impure, qui lui fait observer qu'elle est fille de paria. « Je ne te demande, ma sœur, ni ta famille, ni ta naissance, mais si tu as de l'eau de reste, donne-m'en, que je boive » lui répond le bon disciple qui accepte l'eau offerte et passe son chemin (n° 265).

Le Bouddha expose ensuite la loi à des brahmanes laboureurs (n° 268). Les scènes suivantes constituent des redites assez fastidieuses : enseignement aux *yakṣas*, *râkṣasas*, *nâgas*, etc. (n°s 269-280).

La dernière scène représente la soumission du *nâga* Apalâla, ce *nâga* habitait la source du Suvâstu (Swât). Voici en quels termes le bon pèlerin Hiuan-tsang expose les détails de la conversion de ce *nâga* : « Sa source laissait échapper un courant d'eau blanche, qui anéantissait tous les produits de la terre. A cette époque le Tathâgata gouvernait le Monde avec une bonté compatissante. Emu de pitié pour les habitants de ce royaume, qui étaient seuls victimes d'une telle calamité, il descendit en cet endroit et voulut convertir ce méchant dragon. Un génie, armé d'une massue de diamant (Vajrapâṇi), en frappa les bords de la montagne (n°s 281-282). Le roi-dragon (*nâga-râja*) fut rempli de terreur ; il sortit de l'étang et vint faire sa soumission (n°s 283-284). Lorsqu'il eut entendu le Bouddha expliquer sa loi, son âme devint pure et son cœur s'ouvrit à la foi. »

(1) XXXI, p. 513 [p. 25, t. à p.].

I. (1) Le Bouddha central prend la terre a témoin.

Le Bouddha est invité par la pieuse Viçâkhâ, épouse de Viçâkha, le plus jeune fils de Mṛgadhara, premier ministre du roi Prasenajit. La scène se passe dans un pavillon du Mṛgadharârâma (n° 286).

Les dernières années de l'existence du Maître sont attristées par l'extermination de ses compatriotes, les çâkyas de Kapilavastu.

Virûḍhaka, fils du roi Prasenajit et d'une ancienne esclave nommée Mâlinî, s'empare du trône et marche avec une armée sur Kapilavastu (n°ˢ 295-296), rencontre le Bouddha (n° 297) et renonce momentanément à son projet. Le Bouddha se rend à Kapilavastu et convertit un grand nombre de ses compatriotes (n° 298). Virûḍhaka se remet en campagne et investit Kapilavastu (n° 299) ; il force par surprise l'entrée de la place et fait massacrer un grand nombre de Çâkyas (n° 300). Les autres Çâkyas sont écrasés par des éléphants (n° 301), tandis que les jeunes filles captives ont les pieds et les mains coupés (n° 302) pour avoir résisté à Virûḍhaka qui voulait les faire entrer dans son harem. La dernière scène de l'épisode représente la mort de Virûḍhaka et de son mauvais conseiller Ambarîṣa ; ils sont brûlés vifs et précipités dans l'enfer Avîci (n° 304).

Les scènes placées à la partie supérieure de la peinture sont consacrées à une légende particulièrement populaire ; l'histoire de la conversion de Hârîtî la *yakṣiṇî*.

Hârîtî, poursuivie par une malédiction, dévore les enfants nouveau-nés de Râjagṛha. Comme les sacrifices prescrits par le roi restent inefficaces, la divinité de Râjagṛha apparaît aux habitants et leur conseille de demander au Bouddha la conversion de la *yakṣiṇî*. Le Bienheureux se rend aussitôt chez l'ogresse, rencontre Piṅgala, son fils préféré, et s'empresse de le faire disparaître sous son bol à aumônes (n° 305). La *yakṣiṇî* se met à la recherche de son fils ; explore sans résultat les quatre points de l'espace, se rend dans les enfers (n° 306). Vaiçravaṇa, le roi des *yakṣas*, lui donne la clef de l'énigme (n° 307). L'ogresse se rend auprès

du Bouddha : « Alors que tu ne vois pas l'un de tes cinq
cents fils, lui dit le Maître, tu es affligée à ce point. Imagine
donc alors ce que doivent endurer ceux dont tu assassines et
dévores l'unique enfant. » La *yakṣinî* promet alors au
Bouddha de ne plus nuire aux enfants de la contrée et se
convertit (n° 308).

Cette légende a été illustrée par le célèbre peintre
chinois Li Long-mien. Une copie de son œuvre se trouve
au Musée Guimet.

Sumâgadhâ, la fille d'Anâthapiṇḍada, épouse un bourgeois
de Puṇḍravardhana. Elle obtient la permission d'inviter
le Bouddha. Le Maître ordonne aussitôt à Ananda de dis-
tribuer les marques aux disciples versés dans la magie.
Le lendemain matin, le Bienheureux et ses disciples se
rendent, par la voie des airs, à Puṇḍravardhana. Sumâgadhâ
reconnaît les moines qui précèdent ou entourent le Bouddha.
« Celui qui est assis dans un char, lançant des éclairs et de
la pluie, c'est Kauṇḍiniya...; celui sur le chariot attelé de
lions, c'est Çâriputra; celui qui chevauche un éléphant est
Maudgalyâyana (n° 309); celui qui paraît sous la forme d'un
cakravartin (tourneur de roue et lanceur de disque) est
Râhula. A la fin, le Seigneur lui-même paraît, répandant
autour de lui un rayonnement et accompagné des dieux de la
région du désir et de la forme. La maison se transforme en
cristal, et le Seigneur, après avoir conduit mainte personne
dans le chemin du Dharma, retourne à Çrâvastî ».

J. (1) LE BOUDDHA CENTRAL FAIT LE GESTE DE LA CHARITÉ.

Le Bouddha s'entretient avec Ananda et lui laisse entendre
qu'il pourrait, à sa requête, prolonger son existence d'un
kalpa. « Elle est belle, ô Ananda, la ville de Vaiçâlî, la terre
des Vrijjis; il est beau le *caitya* Câpâla, celui des sept
manguiers, celui des nombreux garçons, le figuier de
Gautama, le bois des *çalas*, le lieu où l'on dépose son
fardeau, le *caitya* où les Mallas attachent leur coiffure. Il est
varié le Jambudvîpa; la vie y est douce pour les hommes.

L'être, quel qu'il soit, ô Ananda, qui a recherché, compris, répandu les quatre principes de la puissance surnaturelle, peut, si on l'en prie, vivre soit durant un *kalpa* entier, soit jusqu'à la fin d'un *kalpa*... » Mais Ananda, possédé par le Malin, reste silencieux (n°s 310-311). Le démon invite alors le Bouddha à entrer dans le *nirvâṇa* (n° 312). « Dans trois mois, cette année même, aura lieu l'anéantissement du Tathâgata, dans l'élément du *nirvâṇa*, où il ne reste plus rien de ce qui constitue l'existence. »

Le Bouddha prêche la loi aux musiciens célestes et à leur roi (n° 314); il se rend ensuite à un dîner offert par Canda (n° 315). Entre le pays des Vṛjji et la rivière Hiraṇyavatî, le Maître fatigué se repose (n° 316); tandis qu'Ananda va chercher de l'eau à la rivière (n° 317). La scène suivante représente le bain du Bouddha dans la rivière Hiraṇyavatî, puis le passage de cette même rivière : le Bouddha marchant sur les eaux (n° 319), tandis que les disciples, les vêtements relevés, passent la rivière à gué. Ils poursuivent leur voyage vers Kuçinagara; arrivé dans le bois des arbres *çâlas*, le Maître fait préparer la couche funèbre (n° 321).

Les préparatifs terminés, le Bouddha se couche sur le côté droit et adresse à ses disciples une dernière recommandation : « *Bhikṣus*, ne l'oubliez pas, toutes choses composées sont périssables », puis il abandonne son esprit à la méditation, à la pensée de l'illumination, à la pensée du *nirvâṇa* (n° 322).

Les Mallas de Kuçinagara sont rassemblés autour du lit de repos (n° 323); Varṣakara apprend au roi Ajâtaçatru la nouvelle de la mort du Bouddha (n°s 324-325).

Le corps est ensuite porté jusqu'au Mukuṭabandhana *caitya* (n° 326); trois Mallas s'efforcent vainement d'allumer le bûcher. Le bûcher ne peut en effet être allumé qu'en présence de Mahâkâçyapa. Le grand disciple se trouve sur la route de Pava à Kuçinagara; il rencontre un hérétique porteur d'une fleur *mandârava* tombée du ciel au moment de la translation du corps du Bienheureux; il se hâte aussitôt vers Kuçinagara et rend hommage à la dépouille mortelle du Maître : le bûcher s'allume de lui-même (n° 328). Indra et Brahmâ versent sur les flammes le contenu de leur aiguière, des *devatâs* lancent des fleurs sur le bûcher. La scène suivante représente le partage des reliques par le brahmane Droṇa (n° 329).

Les dernières représentations sont consacrées aux premiers actes officiels des chefs de l'Eglise : la convocation du premier concile (n° 332), les réprimandes adressées au disciple Ananda, pour avoir négligé de demander au Bienheureux de surseoir à son *nirvâṇa*, l'obligation imposée au même Ananda de se retirer dans la solitude pour y atteindre la dignité d'*arhat* (n°ˢ 333-334). Ananda rejoint la communauté rassemblée dans la grotte des Banyans et récite les Sûtras (n° 335); Upâli se charge du Vinaya (n° 336), Mahâkâçyapa de la Matṛkâ (n° 337). Les deux dernières scènes sont consacrées à la représentation du *nirvâṇa* de Mahâkaçyapa (n°ˢ 338-341) et du *nirvâṇa* d'Ananda (n°ˢ 342-343).

Nous avons été amené à restituer, sous la forme d'un bref commentaire, une biographie du Bouddha, les éléments de notre récit remontent en dernière analyse au Dulva. C'est ce texte qui a servi de base à nos illustrations. Nous avons donc refait, en sens inverse, le travail accompli en chinois par l'auteur d'une biographie chinoise, le *Che-kia-jou-lai-hing-houa-che-tsi*. Pour raconter la vie du Maître, il avait, lui aussi, découpé et mis bout à bout des textes de toute provenance, rangés dans un ordre de succession qui donne l'illusion de l'histoire. Ensuite est venu l'imagier qui a traduit cette histoire en figures. En partant des compositions élaborées par le peintre tibétain, nous avons été naturellement conduit à écrire, par les mêmes procédés, une Vie du Bouddha.

§ 4. *Les Bouddhas et les Bodhisattvas.*

LES DHYĀNI-BOUDDHAS.

« D'après l'école strictement athée, les cinq Dhyâni-Bouddhas répondent aux cinq éléments, aux cinq sens et aux propriétés perçues par ceux-ci. Nous n'osons décider si cette question plus idéale, bien plus vraie sans doute à un certain point de vue, a été la plus primitive et la plus ancienne. Quoi

qu'il en ait été, les cinq Dhyâni-Bouddhas ne diffèrent pro-
bablement que par le nom des cinq Indras (*pañcendra*) dont
les statues sont mentionnées dans une inscription indienne
ancienne » (1).

Au point de vue iconographique, les Dhyâni-Bouddhas se
différencient les uns des autres par de simples détails, couleur, geste, position que nous croyons devoir résumer ici.

Bouddha humain correspondant.		Couleur.	Geste rituel.	Situation.	Animal favori
Krakucchanda.	Vairocana.	blanc.	enseignement.	centre.	lion.
Kanakamuni.	Aksobhya.	bleu.	témoignage.	orient.	éléphant.
Kâçyapa.	Ratnasambhava.	jaune.	charité.	midi.	cheval.
Çâkya-muni.	Amitâbha.	rouge.	méditation.	ouest.	cygne, paon.
Maitreya.	Amoghasiddhi.	vert.	absence de crainte.	nord.	garuda.

Amitâbha dans le ciel Sukhâvatî.

1. « Cette peinture diffère notablement, par l'agencement
de la composition, des paradis découverts à Touen-houang.
Avalokiteçvara y joue un rôle plus actif qu'à Touen-houang
où il est considéré comme un simple assistant de la divinité
principale. A la représentation du ciel Sukhâvatî, s'ajoute une
illustration du Karaṇḍavyûhasûtra (2) placée à l'angle inférieur gauche de la peinture, « Avalokiteçvara étend ensuite son
enseignement aux *râksasas* et on le représente se rendant à
l'île de Siṃhala (Ceylan), où il prêche aux démons femelles
qui peuplent cette île la nécessité du jeûne et de la confession » (3).

Il enseigne ensuite la loi aux *asuras (lha-ma-yin)* ainsi que
nous l'apprend l'inscription figurant à la partie inférieure de
la peinture. Le Karaṇḍavyûhasûtra situe le lieu de cet
enseignement dans une caverne du Jambudvîpa nommée Vajra
kukci. Cette scène est représentée à la partie supérieure de la
peinture, à droite. Il expose également la loi aux *yaksas*
« et il se fait voir ensuite d'une manière surnaturelle à l'assemblée de Çâkya-muni au Jetavana ».

(1) XV, p. 323.
(2) II, p. 223.
(3) II, p. 225.

2. *Amitâyus* est un doublet d'Amitâbha (tib : *'od-dpag-med*)
« vie sans limites ». Amitâyus est « lumière sans limite ».
Ses vêtements somptueux et ses riches parures le distinguent
nettement des autres Bouddhas — Vajradhara excepté —
très simplement vêtus. Les mains jointes en méditation tiennent le vase surmonté de la fleur épanouie. Dans la plupart
des cas il est assis à l'orientale. Un exemplaire debout, véritable rareté iconographique, se trouve dans la collection
Jacques Bacot.

3. *Vajradhara*. Cette divinité est parfois considérée — et
c'est le cas au Tibet — comme le Bouddha suprême dont
seraient issus les cinq Dhyâni-Bouddhas. Les attributs sont
la clochette et le foudre, qu'il tient ordinairement dans ses
mains croisées. L'exemplaire qui retient notre attention est
nettement tibétain de style. Remarquez la tunique légère, à
manches échancrées dont les prolongements forment deux
longues bandes d'étoffe, enroulées autour de l'avant-bras.

BOUDDHA HUMAIN (MANUṢI-BOUDDHA).

4. *Çâkya-muni*. La série de peintures biographiques
analysée au début de l'étude sur la peinture tibétaine se
caractérise par une image centrale du Bouddha Çâkya-muni
exécutant différentes *mudrâs*, nous n'avons pas à revenir sur
ce sujet. Quelques bronzes de la collection Bacot représentent
Çâkya-muni; nous nous trouvons en présence d'un type
indien très caractérisé : rondeur des épaules, minceur de la
taille, longueur des bras. La main droite esquisse le geste du
témoignage. Le vêtement supérieur au drapé très schématisé,
laisse à nu l'épaule droite.

Bouddha naissant. Cette statue n'est pas spécifiquement
tibétaine; elle est très répandue en Chine et au Japon; le
dragon qui orne le tablier rappelle la scène du bain et des
sept pas, tandis que les bras, dirigés vers les régions supérieures et inférieures, indiquent que le Bodhisattva est le
maître des dieux et qu'il vaincra le démon et l'armée du
démon.

Les Bodhisattvas.

Les Bodhisattvas sont des êtres de bonté et de compassion ; c'est à la suite d'une décision mûrement réfléchie qu'ils retardent leur accession au *nirvâṇa*, et que leur activité salvatrice s'exerce, efficace et inlassable. Le Turkestan nous a déjà montré qu'ils étaient les véritables élus de la faveur populaire ; le Tibet leur garde le meilleur de sa ferveur, avec une nuance de spéciale prédilection pour Avalokiteçvara.

5. *Maitreya.* — Maitreya est vénéré tantôt comme un Bouddha — son intronisation solennelle par Çâkya-muni dans le ciel des *Tuṣitas* justifie cet hommage — tantôt comme un Bodhisattva. Représenté sous cette dernière forme, il porte les parures du Bodhisattva et se tient debout, parfois assis, les jambes pendantes ou la jambe gauche repliée ; il est plus rarement assis à l'orientale. Son diadème est habituellement orné d'un *stûpa*, il fait le geste de « mise en marche de la roue de la loi » et tient deux branches fleuries, supportant à droite la roue de la loi, à gauche une aiguière.

La collection Bacot renferme une variante intéressante du type Maitreya : c'est une peinture assez grossièrement encadrée de coton noir et bordée d'une double bande de coton brun et rouge : la dominante est d'ailleurs une teinte brune d'un assez heureux effet. Le Bodhisattva esquisse le geste de l'argumentation et laisse voir, inscrit dans la paume de sa main, un *cakra* doré. La main gauche, ramenée dans le giron, tient l'aiguière.

Les assistants du Bodhisattva sont, à gauche, bCoṅ-Kha-pa et trois divinités orantes, à droite Atîça et deux divinités ; devant le trône, un peu dissimulé, un grand sorcier et un moine porteur d'offrande.

Au-dessous, les jambes légèrement infléchies, Padmapâni tenant une fleur de lotus, la main droite posée sur la tête d'un moine agenouillé. Les assistants de Padmapâni sont au nombre de quatre : Mañjuçrî et un *nâga* (gauche), un Bodhisattva sans attributs et un *nâga*.

6. *Avalokiteçvara.* — Avalokiteçvara est le Bodhisattva le plus vénéré du lamaïsme ; il porte, dans sa chevelure ou sur

son diadème, l'image de son père spirituel, le Dhyâni-
Bouddha Amitâbha. Ses épaules sont habituellement recouvertes d'une peau de gazelle dont la tête pend sur l'épaule
gauche. Ses attributs ordinaires sont le chapelet, le lotus,
l'aiguière et la conque. Une forme spéciale, à onze têtes, est
particulièrement vénérée au Tibet. Le Musée Guimet possède
deux statuettes représentant Avalokiteçvara à onze têtes et
les cinq têtes supérieures d'une statue de grandes dimensions
(don du docteur Péralté). Ce beau fragment, de style sino-
tibétain (XVIIIe siècle), est composé de trois têtes de
Bodhisattva d'aspect souriant et méditatif, d'une tête çivaïte
au faciès contracté, le front muni de l'œil de la sagesse, parée
d'un diadème de têtes de mort. Cette face grimaçante est elle-
même surmontée d'une tête du Bouddha Amitâbha.

Une forme à une tête et à quatre bras est également très
répandue; le type reste très proche de ses origines indiennes :
face allongée, nez mince légèrement busqué, épaules larges
et rondes, taille fine. La main droite tient le chapelet, la
main gauche une fleur de lotus, les deux autres mains réunies
une conque. Le cou, la poitrine et les bras sont ornés de
parures. Ce type s'oppose très nettement aux formes très
sinisées d'une autre statue de la collection Bacot : un Avalokiteçvara à douze bras, au visage empâté, aux formes plus
massives. Deux bras levés soutiennent au-dessus de la tête
une représentation d'Amitâbha sur le lotus. Cette forme
spéciale d'Avalokiteçvara est particulièrement répandue en
Chine.

Les peintures reproduisent les mêmes types : la forme à
quatre bras assistée de Mañjuçrî, de Vajrapâṇi, de deux
Bouddhas et de deux Târâs, une forme à onze têtes est
entourée d'un grand nombre de divinités et de saints. Enfin
une grande peinture sino-tibétaine, au décor floral particulièrement riche, souligné de rehauts d'or représente un Avalokiteçvara à onze têtes, aux formes trapues. Cette peinture
est un produit caractéristique des ateliers lamaïques sino-
tibétains du XVIIIe siècle.

7. *Mañjuçrî*. Le Bodhisattva est l'objet d'une vénération particulière dans la partie orientale du Tibet et en

Chine. Dans la Chine propre, il appartient au groupe des trois grands hommes (*san ta che*), qui comprend également Avalokiteçvara et Samantabhadra. Le culte de Mañjuçrî est localisé au Wou t'ai chan (province de Chan-si), la montagne aux cinq sommets (sanscrit : *pañca cîrça parvata ;* tibétain : *ri-bo-rce-lña*). Quelques auteurs placent le lieu d'origine de Mañjuçrî en Asie centrale ; son culte y était particulièrement répandu au IXe et au Xe siècles (1).

L'épée est le principal attribut de Mañjuçrî ; tantôt brandie, tantôt posée sur une branche tenue par le Bodhisattva, elle est l'emblème de la Sagesse luttant contre l'ignorance ; quant au livre, il complète le pieux symbolisme qui fait de Mañjuçrî l'incarnation de la Sagesse transcendentale.

Une statuette de la collection Bacot représente Mañjuçrî debout, tenant ses deux attributs placés sur des branches. Une écharpe se contourne autour des bras, ornés de bracelets. La double jupe, richement bordée, retenue à la taille par une ceinture garnie de pendentifs, se fronce en plis très schématisés. L'aspect général de la statue atteste la persistance des influences indiennes et rappelle directement les modèles du Bihâr et de l'Orissa (X^e et XIe siècles).

Un autre exemplaire, indien par le torse, déjà chinois par le visage à la moustache frisée (pl. XVI), rappelle une pièce ancienne publiée par M. Burchard (2) ; l'abandon charmant de la pose, le geste plein de naturel du bras appuyé sur le livre, en font un des meilleurs spécimens de l'art sino-tibétain du XVIIIe siècle.

8. *Târâ*. La déesse Târâ (3), née d'une larme du Tout-compatissant Avalokiteçvara, symbolise la compassion quintessenciée ; c'est une divinité très populaire au Tibet, où elle est considérée comme un Bodhisattva. Nous avons vu que les deux épouses de Sroñ-bcan-sgam-po étaient tenues pour des incarnations de Târâ. La fille du roi de Népal, Amçuvarman, est la Târâ verte, la princesse de Wen-tcheng, la Târâ blanche.

(1) XX, p. 335-343.
(2) LI, pl. 20.
(3) LXV ; LXXXVII.

A chaque Dhyâni-Bouddha correspond une Târâ qui adopte sa couleur rituelle.

Bouddhas	Târâs	Couleurs
Akṣobhya	Locanâ	Bleu
Ratnasambhava	Mâmakî	Jaune, or
Vairocana	Vajradhâtviçvarî	Blanc
Amitâbha	Pândarâ	Rose
Amoghasiddhi	Târâ	Vert

La Târâ verte est assise sur un trône, son pied gauche pend négligemment, le bras droit baissé esquisse le geste de la charité et tient une branche de lotus, la main gauche tient également un lotus, le geste est celui de l'argumentation. La Târâ blanche est assise à l'orientale et possède les mêmes attributs que la Târâ verte, elle est pourvue de l'œil frontal.

Une Târâ verte de la collection Bacot est traitée nettement dans le style népalais (Pl. XVII); élégance un peu languide, grâce sensuelle, caractéristiques ethniques accentuées.

L'iconographie du lamaïsme connaît un plus grand nombre de Târâs; une série, plus spécialement étudiée par M. L. A. Waddell (1), comprend vingt et une Târâs. Dix statuettes, acquises par M. E. Guimet (collection G.) (2), appartiennent au groupe de ces vingt et une Târàs; le catalogue de la vente G les énumère dans l'ordre suivant : 1° Târâ aux sourcils froncés, assise sur un homme nu couché sur le dos; 2° Târâ des œuvres universelles, assise sur le lotus; 3° Târâ de l'immensité, assise sur une oie; 4° Târâ source de bonheur, assise sur le lotus et tenant devant elle, de ses deux mains, le disque de la lune; 5° La très glorieuse Târâ, assise sur le lotus et tenant un *stûpa*; 6° Târâ la dissipatrice du chagrin, tient le lacet de la main droite; 7° Târâ dispensatrice du pouvoir suprême; assise sur un éléphant; 8° Târâ victorieuse à quatre bras; 9° Târâ créatrice des trois mondes, tient l'épée et le *vajra*; 10° Târâ invectivant le mauvais esprit, tient le lotus et dispense ses faveurs *(vara mudrâ)*.

(1) LXXXVII.
(2) LXIX, p. 83.

Sur les peintures, les Târâs sont habituellement représentées assises sur un lotus émergeant des eaux; le pied droit de la Târâ verte repose sur un lotus de plus petite dimension. Autour de la représentation centrale se groupent toute une série de personnages. Bodhisattvas et saints lamas, tels que Čhos-*k*yi-rgyal-mchan et Nag-dbaṅ-blo-bzaṅ-rgya-mcho. Quant au décor, il juxtapose des éléments manifestement empruntés aux miniaturistes persans et aux paysagistes chinois. Un encadrement de Târâs miniaturées introduit parfois, dans ce paysage un peu heurté, une suggestion de profondeur qui rapproche du spectateur la déesse toute blanche, assistée de Maitreya, de Padmapâni et de Mañjuçrî. Ailleurs, c'est une Târâ couleur d'or, entourée des vingt et une Târâs et surmontée de bCoṅ-kha-pa, de rGyal-chab et Mkhas-grub. Ces figures de la déesse sont empreintes d'une grâce sensible, visiblement dépendante d'une humanité vouée à la compassion agissante. Combien différente apparaît la monstrueuse image aux mille têtes étagées, peintes aux couleurs des cinq Bouddhas et des cinq Târâs, aux mains chargées d'attributs, « courbant sous son poids les têtes d'Indra et de Brahmâ et se tenant dans l'attitude de *l'âlîdha* (qui est une de celles du tireur d'arc la jambe droite en avant, la gauche repliée).

§ 5. *Les Divinités féminines.*

DIVINITÉS FÉMININES. — Trois divinités féminines sont fréquemment représentées, Mârîcî, Sitâtapatrâparajita et Uṣṇîṣavijayâ.

9. *Mârîcî* est assise sur un porc ou sur un sanglier, elle a ordinairement trois têtes; la tête médiane est calme, la tête de gauche est habituellement une tête de sanglier. Sous la forme de Vajravarâhî, « laie de diamant », elle s'incarne dans les abbesses du couvent de Semding (1).

10. *Uṣṇîṣavijayâ* est également pourvue de trois têtes : l'une de ses huit mains porte le double *vajra,* les autres mains esquissent le geste de l'argumentation, le geste de la charité,

______

(1) LXX, p. 117.

le geste de salutation et tiennent une flèche, un arc, une image du Bouddha Amitâbha, un « vase de fortune ».

11. *Sitâtapatrâparajita*. Cette déesse est peut être une *çaktî* d'Avalokiteçvara; son nom même est l'un des titres portés par ce Bodhisattva (1); elle est ordinairement pourvue de trois têtes et peut même en avoir quatre. Les bras sont au nombre de huit; ses mains tiennent le parasol, le *cakra*, l'arc, la flèche, le livre et le lacet, parfois même le *vajra*. Elle figure sur une plaque de bronze offerte au Musée par M. G. de Saint-Victor.

§ 6. *Les défenseurs de la Loi et les divinités protectrices*.

Aux Bouddhas plongés dans le *nirvâṇa*, aux Bodhisattvas voués à leur besogne de salut, vient s'ajouter la troupe hérissée et grimaçante des Dharmapâlas (défenseurs de la Loi) et des Iṣṭadevatâs (divinités protectrices), ennemis jurés des suppôts de l'hérésie et des démons. Nous voyons surgir les formes nombreuses de Mahâkâla (le grand noir) porteur du joyau qui comble les désirs, protecteur de la tente du nomade, ennemi des serpents. La farouche Çrîdevî, chevauchant un mulet guidé par l'ogresse à tête de lion, portant dans sa chevelure les déesses des quatre saisons, tenant à la main le crâne de son fils.

12. *Mahâcakra Vajrapâṇi* a six bras, les deux bras inférieurs tiennent un serpent, la main du bras supérieur tient le *vajra*, il enlace sa *çaktî* (compagne d'élection, énergie féminine, mère secrète).

13. *Yamântaka* est une forme tantrique du Bodhisattva Mañjuçrî; c'est, au point de vue iconographique, l'une des divinités les plus complexes du panthéon lamaïque. Yamântaka a seize pieds et trente-quatre bras; sa tête, pourvue de longues cornes, est celle d'un taureau. Il est fréquemment associé à sa *çaktî*. Sur les images il est peint en noir ou en bleu foncé, la *çaktî* en bleu clair. Il est ordinairement assisté de bCoṅ-kha-pa, d'Atîça, de Nâgârjuna et des huit protecteurs.

(1) LXX, p. 121.

Les domaines de Yamântaka portent en bordure des représentations de bCon-kha-pa, d'Atîça, d'un certain nombre de grands sorciers, d'Âryadeva et de Vaiçravana.

14. *Hayagriva* est la divinité protectrice des chevaux; une tête de cheval apparaît dans sa chevelure hérissée, il tient ordinairement le sceptre, le lacet, la roue et l'épée. Sur les images il est peint en rouge, sa *çaktî* en bleu clair.

15. *Yama* est le dieu des morts, il se manifeste sous deux formes : le roi de la loi pour les affaires extérieures et le roi de la loi pour les affaires intérieures. Il est fréquemment associé à sa sœur Yamî qui enlève les vêtements des damnés. Yama se tient debout sur le taureau, il brandit un sceptre formé d'un squelette d'enfant. Représenté seul il a une tête de taureau et tient le crâne et le gri-gug devant sa poitrine; il est considéré comme le dieu des trésors terrestres, dans ce cas il tient dans sa main droite le *cintâmani*.

16. *Le Mahâkâla blanc porteur du joyau (cintâmani)* a une tête et six bras et pour tout vêtement une peau d'éléphant; il tient le joyau, le crâne, le tambour, le trident et le croc; il foule aux pieds deux petits éléphants qui parfois crachent des perles.

On rencontre parfois une forme de Mahâkâla à trois jambes.

17. *Vaiçravana* est le dieu de la richesse, gardien du nord et roi des *yaksas*; ses attributs sont l'étendard et la mangouste.

18. *Virûpâksa* est gardien de l'ouest et roi des *nâgas*, ses attributs sont le joyau et le serpent.

19. *Virûdhaka* est gardien de sud, roi du *kumbhandas*; armé d'un épée.

20. *Dhrtarâstra* est gardien de l'est, roi des *gandharvas*, tenant un instrument de musique.

Ces personnages forment le groupe des Lokapâlas, gardiens des quatre points de l'espace.

§ 7. *Les Mahâsiddhas et les Saints.*

21. *Padmasambhava.* (Voir indications biographiques p. 64). Padmasambhara est assis à l'orientale sur le lotus. Ses attributs sont le *vajra* et le crâne; il tient parfois une

sorte de bâton magique *(khatvâṅga)*, terminé en trident. La collection Bacot renferme un très beau bronze doré représentant Padmasambhava et ses deux épouses (Pl. XVIII). Les personnages sont placés sur trois lotus épanouis, issus d'une seule tige. Le type de Padmasambhava, nettement individualisé : visage émacié, nez très fortement busqué, se retrouve identique dans tous les exemplaires qu'il nous a été donné de voir. Sur les peintures, admises dans les lamaseries orthodoxes, les vêtements sont rouges, le visage couleur chair.

LES MAHÂSIDDHAS. — Soixante grands magiciens *(mahâsiddhas)* sont représentés sur les cinq peintures exposées. Ils trônent, entourés de sorcières *(yoginî)*, de goules (ḍâkinî), de disciples, parfois costumés en moines bouddhiques *(bhikṣu)*. Leur activité affectionne le décor propice des lieux de crémation (çmaçana), jonchés de cadavres, hantés de diablesses *(piçaçî)* et de goules. Là, ils se livrent à leur besogne de conjuration et d'évocation, se souciant assez peu de l'enseignement de Çâkya-muni et des reproches qu'il adressait à ceux de ses disciples trop enclins à user de leur pouvoir magique.

Un pieux bouddhiste de Ceylan considérerait ces peintures avec une horreur non dissimulée. Pour nous, plus soucieux de pittoresque que d'orthodoxie, nous ne manquerons pas d'être séduits par ces figures étranges. La souplesse quasi acrobatique de ces corps étirés en des poses maniérées ou languides, la flexibilité des bras, dépourvus, semble-t-il, d'ossature, évoquent invinciblement les belles images d'Ajaṇṭâ, révélées aux amis de cette maison par M. Victor Goloubev. L'orthodoxie des figures et des attributs peut être mise en discussion; mais il nous reste du moins la satisfaction de rattacher à un exemple illustre, à une tradition artistique vénérable, ces productions que leur origine pourrait desservir.

La biographie des quatre-vingt-quatre magiciens (vol. lu du Tanjour) a été traduite par M. A. Grünwedel (1).

La popularité des *mahâsiddhas* s'est étendue, grâce au lamaïsme, hors du Tibet proprement dit. M. Pelliot nous

____

(1) LXXI; LXXVII; LXXVIII.

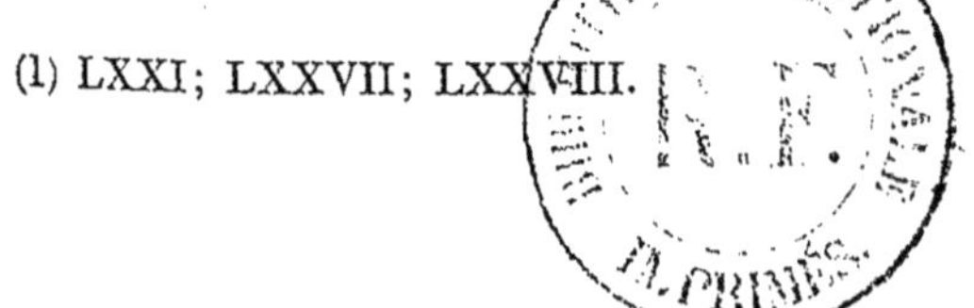

signale que des portraits des *mahâsiddhas* ornent les panneaux inférieurs de toutes les parois d'une grotte de Touen-houang décorée à l'époque mongole (XIIIᵉ-XIVᵉ siècle.)

I. Le lama Rǰe-bcun thams-čad mkhyen-pa kun-dgah sñiń-po.

Le portrait de ce personnage occupe la partie centrale de notre composition. Le saint lama est représenté (Pl. XXI), assis à l'orientale sur un trône, la tête légèrement tournée vers la droite. Il porte les vêtements caractéristiques des lamas : le bonnet jaune (*žva-gser*), le vêtement supérieur et le manteau qui laisse à nu l'épaule et le bras droits. De la main droite il fait le geste de l'argumentation (*vitarka mudrâ*). Il tient dans sa main gauche, qui repose sur la plante des pieds, un voile et un livre. Devant lui sont disposés un vase à aumônes rempli de fruits, une aiguière et une coupe.

22 (1). *Udhili.* Le *mahâsiddha* (grand magicien), originaire de Devîkoṭa, était issu d'une famille éminente. Considérant un jour des nuages en forme d'animaux et des oies qui volaient, il conçut le désir de les imiter. Son souhait fut exaucé par le sage Karṇaripa à qui il avait offert l'aumône et adressé sa requête.

Le *mahâsiddha* est représenté assis sur un coussin bleu, sa jambe gauche est allongée et tordue. Il est vêtu d'une tunique légère, sans manches, s'arrêtant aux cuisses. Sa barbe, en partie tressée, est terminée par un nœud ; il considère avec attention le vol de deux oiseaux. Près de lui un ascète, reconnaissable à son chignon, assis sur une peau d'ours, tend une feuille à Udhili.

23 (2). *Dârika.* Ce *mahâsiddha* n'était autre que le roi Indrapâla de Çalaputra. Il abandonna son royaume avec son ministre pour suivre Lûipâ qu'il venait de rencontrer: il obtint la consécration dans le cercle, et s'offrit lui-même, par reconnaissance, à celui qui l'avait converti. Lûipâ l'accompagna à Vidhapura et le vendit pour 100 pièces d'or à une femme chargée de l'entretien de 500 bayadères. Il passa douze ans en cet endroit, lavant les pieds des jeunes filles et enduisant leurs corps de parfums, se gardant bien d'oublier les exhortations de son maître. Renouvelant l'exploit du prophète Elie, il monta au ciel.

Tibet. — Grands sorciers. (Mission Jacques Bacot.)

C'est ce dernier épisode de sa vie qui est fixé sur notre peinture. Dârika, vêtu d'une étoffe légère qui lui ceint les reins, évolue dans les airs ; ses cheveux sont ramenés en chignon sur le sommet de la tête ; il tient ses attributs caractéristiques : le *vajra* (tibétain : *rdo-rje*) et la clochette. Il est entouré de trois femmes à peine vêtues. Sur terre, près d'un groupe d'habitations, trois personnages contemplent, avec un étonnement non dissimulé, les évolutions du *mahâsiddha* et de ses trois compagnes. A droite, se trouve la représentation d'un petit éléphant peint en bleu.

24 (3). *Putali* était originaire du Bengale. Un *mahâsiddha* lui remit un jour une image et les instructions du Yi-dam Hevajra (tibétain : Kye-rdor). Putali ayant atteint, après douze ans d'études, l'état de *mahâsiddha*, s'en allait portant l'image, lorsqu'il rencontra un roi. Le monarque voyant l'image du dieu (qui foulait sans doute aux pieds le corps d'un démon), fit à Putali la remarque suivante : « Il est inconvenant que mon dieu serve de siège a ton dieu. » Le roi fit alors faire une peinture où le contraire avait lieu (le dieu servait de siège au démon). Mais un miracle se produisit, et le dieu vint reprendre la place à laquelle il avait droit. Ce prodige hâta la conversion du roi qui devint un fervent adepte des idées bouddhiques.

Cet épisode est rappelé sur notre peinture ; le *mahâsiddha* Putali, agenouillé sur une peau d'antilope, présente l'image du dieu à un personnage qui ne peut être que le roi de la légende.

25 (4). *Panaha*. Ce *mahâsiddha* était originaire de Sandhonagara et appartenait à une famille de basse caste.

Sur notre peinture, Panaha est représenté simplement vêtu d'un pagne qui lui ceint les reins, les paumes de ses mains semblent esquisser le geste de l'absence de crainte ; ses chaussures sont munies de clochettes et il marche avec précaution.

26. (5). *Kokilî*. Ce *mahâsiddha* était, avant sa conversion, roi de Campârṇa ; il reçut le surnom de Kokilî en raison du plaisir particulier qu'il éprouvait à écouter le chant du coucou.

Sur notre peinture, Kokilî est représenté assis dans la

posture du délassement royal ; il est vêtu d'une robe bleue à revers rouges et coiffé d'un voile qui entoure son chignon ; ce voile est assujetti à une sorte de diadème.

Kokilî est entouré de trois femmes : la première l'évente, la seconde l'asperge au moyen d'une plume de paon, la dernière danse à son côté. Un religieux semble lui adresser une exhortation. Cette scène représente sans doute la conversion du roi.

27 (6). *Anangopa*. Ce *mahâsiddha* est assis à l'intérieur d'une hutte de branchages tressés, surmontée d'une touffe de feuillage. Un religieux se hâte vers sa retraite.

28 (7). La *yoginî Laksmîkarâ*. Cette magicienne était la propre sœur du roi Indrabhûti qui était réputé pour sa grande puissance magique ; elle avait épousé le fils de Jalendra, roi de Lânkapura.

La *yoginî* est accroupie sur un tapis ; elle est vêtue d'un pagne qui lui ceint les reins ; sa tête, entourée d'un nimbe, est ornée d'un diadème de crânes ; elle tient un couteau, un crâne et un bâton magique. On peut remarquer à sa gauche un homme complètement nu, les jambes liées et la tête ramenée vers les genoux au moyen d'une corde qui passe sur la nuque et sous les cuisses.

29 (8). *Samudra*. Ce *mahâsiddha* est assis sur un petit îlot rocheux ; il est simplement vêtu d'un pagne et ses cheveux sont ramenés en chignon sur le sommet de sa tête ; il tient à la main une sorte de pilon. Un disciple, complètement nu, est assis près de lui. On remarque, émergeant de l'eau, des joyaux, un petit pavillon, une branche de corail et, un peu plus loin, une *nâgî* présentant un plateau garni de joyaux.

30 (9). *Vyâli*. Ce *mahâsiddha* avait reçu les instructions du célèbre Cârpâti ; il est représenté assis sur un coussin bleu, sa main droite esquisse le geste de l'argumentation, sa main gauche tient un plateau. Un *yoginî* agenouillée semble l'assister.

31 (10). *Nâgabodhi*. Nâgabodhi était originaire du Bengale ; ses parents, de pauvres gens appartenant à la caste des brahmanes, reçurent du maître Nâgârjuna une grande quantité d'or. Cette libéralité amena leur conversion et celle

de leur fils. Tous trois devinrent les disciples de ce même Nâgârjuna. Nâgabodhi, qui était resté près du maître et avait atteint la *siddhi* de l'ambroisie, embrassa l'état religieux et acquit une remarquable maîtrise dans la connaissance des Saintes Écritures.

Il fut, aussi longtemps que se prolongea l'existence de Nâgârjuna, l'assistant du maître ; après la mort de ce dernier, il vécut dans une caverne profonde située sur les pentes du Çrîparvata ; là, il obtint, après s'être livré pendant douze ans à la méditation, la *sidhi* suprême de la Mahâmudrâ.

Nâgabodhi se présente sous les apparences d'un moine (sanscrit : *bhikṣu*, tibétain : *dge-sloñ*) : il est assis sur un tapis, ses deux mains ramenées dans son giron dans la posture méditative ; la tête entourée d'un nimbe bleu. Devant lui se trouve un petit cheval bleu, et, un peu au-dessus, dans une anfractuosité de rocher, un ermite et une gazelle.

32 (11). *Sarvabhakṣa*. Ce saint personnage est représenté assis sur une peau de gazelle ; son apparence extérieure est celle d'un ascète ; sa main gauche esquisse le geste de l'argumentation. Devant lui se trouve un plat garni de mets variés.

33 (12). *Sakara*. Ce *mahâsiddha* est vêtu comme un religieux (*bhikṣu*) ; il est accroupi et se livre à la contemplation d'une image de Padmapâni. Ce Bodhisattva est représenté debout sur un socle de lotus, tenant à droite une fleur de lotus et esquissant de la main gauche le geste de la charité (*vara mudrâ*).

34 (13). *Kapâlika*. Ce *mahâsiddha*, originaire de Râjapurî, était un maître de maison d'assez basse extraction. Ses cinq fils et sa femme étant morts en même temps, il porta leurs corps au lieu de crémation, et y rencontra le *mahâsiddha* Kṛṣṇacârî, qui le convertit au tantrisme. Il pratiqua le culte mystique pendant neuf ans, portant des ornements confectionnés à l'aide des ossements de ses fils et utilisant, en guise de coupe, le crâne de sa femme.

Notre représentation évoque les occupations macabres du sorcier : il est assis sur un tapis bleu, la jambe droite allongée, sa main droite esquisse la *mudrâ* de l'argumentation ; il tient enfin dans sa main gauche la calotte crânienne de sa femme ; le cadavre de cette dernière gît à terre près de lui.

35 (14). *Kirava*. Avant d'entrer en religion, Kirava était roi de la ville de Grahara. Il est représènté le torse et les jambes nus ; ses cheveux sont disposés en quatre touffes régulières, tressées avec soin et terminées par un ornement. Il tient dans sa main droite une courte épée et dans sa main gauche une rondache ornée d'un dessin géométrique noir se détachant sur fond rouge.

II. La partie centrale de la peinture II est occupée par une représentation du lama Rǰe-grags rtod-pa lha-dbaṅ grags-pa. Ce saint personnage est assis à l'orientale sur un siège de lotus. Il esquisse de la main droite le geste de l'argumentation. Une double auréole et un nimbe entourent sa tête et son corps (Pl. XXII).

36 (1). *Pacari*. Le *mahâsiddha* est assis, les jambes croisées, sur un tapis bleu. Il ne porte point le chignon caractéristique des ascètes, mais ses cheveux sont bouclés ; sa tête est entourée d'un nimbe bleu. Il était originaire de Campaka.

37 (2). *La yoginî Mekhalâ*. Cette magicienne, originaire de Devîkoṭa, était la sœur aînée de la yoginî Kanakhalâ (voir 4) qui fut convertie par le sage Kṛṣṇacarî.

La *yoginî*, complètement nue, est assise sur une peau d'antilope ; elle tient dans la main gauche le crâne, le bâton magique et porte à ses lèvres un petit poignard acéré.

38 (3). *La yoginî Manibhadrâ*. Cette magicienne, appelée également Bahurî, était née dans la ville d'Ag-ce (Agrapurî) ; elle se maria, puis revint dans son pays où elle rencontra le sage Kukkuri qui la convertit. Elle est représentée évoluant dans les airs, n'ayant pour tout vêtement qu'une longue écharpe flottante. Ses cheveux sont ornés d'une couronne de fleurs et elle porte des bracelets.

39 (4). *La yoginî Kanakhalâ*. Cette magicienne était la plus jeune sœur de la *yoginî* Mekhalâ. Les deux sœurs avaient épousé les deux frères. Dégoûtées du monde à la suite d'un scandale, elles se convertirent au Bouddhisme et s'adonnèrent aux pratiques mystiques. Mues par un senti-

Tibet. — Grands sorciers. (Mission Jacques Bacot.)

ment d'excessive gratitude à l'égard de leur précepteur spirituel, elles lui offrirent leurs têtes. Le maître usa de sa puissance magique pour replacer les têtes sur les corps des *yoginîs*.

Notre peinture rappelle cet épisode. La *yoginî* tient, d'une main un couteau, de l'autre une tête de femme. On ne doit pas s'étonner outre mesure de voir la magicienne pourvue de ces deux têtes. Pour rappeler la légende dans son intégralité, l'artiste n'a pas hésité à réunir en une seule composition les deux phases d'un même épisode.

40 (5). *Kalakala*. Ce *mahâsiddha* était originaire de la ville de Bhirlira. Dans son jeune âge il se faisait remarquer par sa turbulence, à tel point que ses voisins, incommodés par le bruit qu'il faisait, le jetèrent dans un cimetière pour l'inciter au silence par la solitude. Il y rencontra un adepte du tantrisme par qui il fut initié.

Le *mahâsiddha* est représenté assis dans le voisinage du lieu de crémation; un vautour s'apprête à déchiqueter un cadavre. Le *yogi*, initiateur de Kalakala, se trouve tout près du cadavre. assis sur une peau d'antilope.

41 (6). *Kanta* ou *Kantali*. Ce saint personnage était un pauvre mendiant de Maṇidhara. Il avait l'habitude de se vêtir de haillons provenant des balayures des villes et gagnait sa nourriture en rapiéçant des chiffons. Un jour qu'il s'était blessé à la main, la *ḍâkinî* Vetâlî, une habituée des lieux de crémation, l'initia dans les rites mystiques. Le *mahâsiddha,* assis sur un tapis, ravaude un vêtement jaunâtre. La *ḍâkinî* Vetâlî est également représentée, assise sur un quartier de rocher, esquissant le geste de l'argumentation.

42 (7). *Dhahuli*. Ce mahâsiddha exerçait le métier de cordier. Il fut converti par un *yogi*.

Dhahuli est représenté dans l'exercice de sa profession. Il enroule une corde qu'il maintient entre deux orteils.

43 (8). *Cârpâṭi*. D'après Târanâtha, Cârpâṭi aurait été un contemporain du célèbre Lûipâ. Le lama Sum-pa mkhan-po ye-çes dpal-'byor nous apprend, en outre, que Carpati aurait fait connaître à Nâgârjuna la recette de la transmutation des métaux en or, et qu'il aurait reçu de ce dernier une chaussure

enchantée, faite de feuilles, qui lui permettait d'évoluer dans les airs.

Ce *mahâsiddha* est vêtu d'une tunique rouge sans manches, fendue sur le côté, assujettie à la taille par une corde. La tête est entourée d'un nimbe de couleur bleue, les cheveux retombent sur les épaules et sur la nuque. Un personnage, figuré à sa droite, attise un feu, deux femmes sont agenouillées devant lui, quatre disciples sortent d'une anfractuosité de rocher. On remarque enfin, dans une grotte située au-dessus de l'endroit où se passe cette scène, une représentation du Bouddha, d'un ascète et d'une *yoginî*.

44 (9). *Kumari*. Ce *mahâsiddha* était originaire de Yomanaçrî où il exerçait le métier de potier ; il fut initié par un *yogi*.

Kumaripa est représenté assis sur un tapis, occupé à la fabrication d'un vase. Le récipient est posé sur un tour et Kumaripa le façonne. Une jeune femme prépare la pâte en l'étalant sur une pierre bleue et en l'imbibant d'eau.

45 (10). *Teli*. Ce *mahâsiddha* est assis sur un entablement rocheux ; divers récipients sont rangés devant lui et il tient lui-même un vase. On remarque, à une certaine distance, un personnage portant le costume des moines et coiffé d'un bonnet rouge.

46 (11). *Campaka*. Ce sage était fils du roi de Campaka. Il fut converti par un *yogi*.

Le *mahâsiddha* porte les vêtements et les parures princières ; il est assis sous un bosquet d'arbres entouré d'une balustrade ; sa main droite esquisse le geste de la charité.

47 (12). *Bhikṣaṇa*. Ce saint personnage est assis sur une peau d'ours ; il tient, dans la main gauche une outre et, dans la main droite, une petite capsule blanche ; sa tête est entourée d'un nimbe rouge ; on remarque la présence d'une *ḍâkinî* rouge.

III. La figure centrale est une image de Vajradhara, au corps bleu noir, tenant le foudre et la sonnette. Au-dessus se trouve une représentation tantrique de Vajrapâṇi brandissant le glaive.

48 (1). *Saraha* (appelé également Râhulabhadra). Le grand magicien assis sur une natte tient une flèche. Saraha était le maître du fameux Nâgârjuna.

49 (2). *Kamkari.* Représenté assis sur une peau de léopard. Les deux mains ramenées dans son giron, il contemple un squelette qui rampe vers lui. Un peu plus loin, un loup dévore les entrailles d'un cadavre dont le torse et les bras ont déjà disparu.

50 (3). *Mînapâda.* Ce magicien sort du corps d'un poisson jaillissant hors de l'eau, sa chevelure est hérissée. Son vêtement consiste en une peau de panthère.

51 (4). *Gorakṣa.* Le *mahâsiddha* est assis sur une natte frangée. Au cou, il porte, retenue par un cordonnet rouge, une corne de gazelle. Près de lui, un moine, drapé dans son manteau, semble veiller sur le bétail.

52 (5). *Cauraṅgi.* Ce magicien est assis sous un arbre, les jambes maintenues repliées par une bande d'étoffe. Deux disciples se tiennent près d'une souche surmontée d'un vase.

53 (6). *Çâvari.* Le chef orné de trois têtes de mort, ce *mahâsiddha* tient un arc surmonté de la partie supérieure du corps d'un sanglier. Deux *yoginîs* et deux gazelles se tiennent près du magicien. Il porte pour tout vêtement une ceinture de plumes de paon, transformation du vêtement de feuillage primitif. Çâvari recueillit la doctrine secrète de Saraha et de Nâgârjuna.

54 (7). *Dombiheruka.* Il occupe le quatrième rang dans la liste des quatre-vingt-quatre grands magiciens. Ayant choisi pour *çakti* la fille d'un chanteur, il se retira dans les bois où il fit un séjour ininterrompu de douze années. Passé ce délai, il revint avec sa compagne, assis sur un tigre, et brandissant en guise de fouet, un serpent venimeux.

55 (8). *Virupâ.* Ce magicien se distingue de ses compagnons par la teinte sombre de sa peau. Il tient une corne blanche et porte une guirlande de fleurs.

56 (9). *Lîlâpâda.* Assis à l'européenne, il est en conversation avec un marchand. Près de lui se tient une *yoginî.*

57 (10). *Lûipâ.* Ce grand magicien se distingue des autres *mahâsîddhas* par son aspect farouche. Lûipâ se nourrissait d'entrailles de poisson.

IV. — La figure centrale est celle du lama Bcun-rigs kun-dgah rgyal-mchan.

Les mahâsiddhas de cette peinture — à l'exception du seul Kukkuri — ne sont pas mentionnés par Târanâtha.

58 (1). *Catra*. Ce magicien porte le vêtement classique du moine bouddhique. Il tient un livre et esquisse le geste de la charité. Il porte un autre livre, retenu sur son dos par une lanière.

59 (2). *Kambala*. C'est un autre moine, assis à l'entrée d'une grotte, il esquisse le geste de l'argumentation.

60 (3). *Diṅka*. Vêtu d'un simple pagne, ce *mahâsiddha* se tient agenouillé sur un coussin. Il puise dans un vase où se trouve une matière blanche et tient dans la main droite un objet ovoïde qu'il place dans un récipient.

61 (4). *Bandhepa*. Ce magicien porte le costume laïque. Assis sur un coussin, il contemple un moine bouddhique qui lui apparaît environné d'un nuage rose.

62 (5) *Tandhepa*. Cet ascète dispose, devant un disciple qu'il paraît initier, des bâtonnets, des boules blanches et deux dés.

63 (6). *Kukkuri*. Assis sur une peau de gazelle. Un chien s'insinue en écartant son bras gauche et cherche à le lécher. Nous nous trouvons sans doute en présence de la *ḍâkini*, qui avait revêtu la forme animale pour l'engager à atteindre le pouvoir magique suprême.

64 (7). *Kaṅkana*. Revêtu du costume laïque, porte sa main gauche à sa poitrine, la main droite esquissant le geste de prise à témoignage. Dans les nuages, deux *apsaras* : l'une tient des cymbales, l'autre lance des fleurs au magicien.

65 (8). *Dhombi*. Le *mahâsiddha* est agenouillé sur une étoffe. Il malaxe une matière rougeâtre qui se trouve dans un plat.

66 (9). *Kala*. Pose ascétique; assis sur une feuille, les mains réunies en méditation.

67 (10). *Ajogi*. Ce mahâsidda est assis près d'un lieu de crémation.

68 (11). *Khaṇḍi*. Il semble coudre une pièce d'étoffe. Près de lui se trouve un moine coiffé du bonnet rouge.

69 (12). *Bhadra*. Le magicien est assis sur une peau de

gazelle placée sur un entablement rocheux. Près de lui se trouve un vase bleu, rempli jusqu'au col d'une matière blanchâtre, on remarque également un sanglier couché sur le dos.

V. — Le lama 'Dren-mčhog chul-'khrims gyur-med. La représentation de ce lama occupe la portion centrale de la peinture. Ce saint personnage est assis sur un coussin posé sur une fleur de lotus. Il est coiffé d'un bonnet rouge et porte les vêtements ecclésiastiques habituels. L'épaule et le bras droits sont nus et sa main droite esquisse le geste de l'argumentation. Son corps est environné d'une double auréole bleue bordée carmin et bleu-gris; la tête est entourée d'un nimbe vert cerclé d'un double filigrane d'or.

70 (1). *Kucipa*. Homme de basse caste, originaire de Kari, était affligé d'une excroissance douloureuse. Il reçut les instructions du maître Nâgârjuna et ses méditations occasionnèrent de nouvelles douleurs et une aggravation de son mal. Le mal diminua lorsqu'il eut à nouveau étudié la doctrine. Il atteignit la *siddhi* de la grande *mudrâ* (*mahâ-mudrâsiddhi*).

Ce *mahâsiddha* est assis sur une peau de gazelle; la main droite esquisse le geste de l'argumentation. Une écharpe de couleur orange qui passe sur son épaule gauche semble maintenir sa jambe droite. La maître Nâgârjuna, son précepteur spirituel, est également représenté.

71 (2). *Indrabhûti*. Ce monarque, magicien réputé, régnait sur le royaume de Çambhala, une portion de l'Udyâna. L'autre partie, Laṅkâpura, était gouvernée par Jalendra. Le fils de ce roi avait épousé la magicienne Laksmîkarâ. Indrabhûti remit sur ces entrefaites le gouvernement à son fils et obtint, au bout de douze ans, la *siddhi* suprême. Padmasambhava aurait été le fils d'un roi Indrabhûti (1).

Indrabhûti est représenté encore vêtu des parures royales; assis sur un coussin bleu, il esquisse de la main gauche le geste de l'argumentation, de la main droite le geste de la charité (*vara mudrâ*). Sa tête est entouré d'un nimbe bleu.

____

(I) LXXII*b*, p. 451.

Deux femmes, la chevelure éparse et ornée de fleurs, le torse nu, ceinturées d'un pagne rouge, dansent devant le roi. Ces ébats chorégraphiques sont réglés par deux musiciennes, une joueuse de flûte et une joueuse de tambour.

72 (3). *Mekopa*. Ce *mahâsiddha* fut tout d'abord marchand de comestibles dans le Bengale. Il fut converti par un *yogi* à qui il avait offert de la nourriture.

Ce saint personnage est représenté agenouillé sur une natte; il se retourne pour prendre des boules blanchâtres disposées sur un plat; un aide, portant un vase, se trouve à proximité, un autre aide surveille le foyer.

73 (4). *Kotali* (tibétain : tog-rce-pa). Le nom même (tog-rce-pa — le piocheur) de ce *mahâsiddha* indique bien qu'il devait être ouvrier agricole ou terrassier. Il naquit dans les environs de Râmeçvara et fut initié par le sage Çântipa à son retour de Simhala.

74 (5). *Kampari*. Ce magicien est représenté sous l'aspect d'un forgeron qui, assisté d'un aide, vaque aux occupations de sa profession.

75 (6). *Jâlandhari*. L'attitude de ce *mahâsiddha* est singulière : son pied droit repose sur son bras droit; les deux mains sont levées au-dessus de la tête, doigts joints, index réunis.

76 (7). *Râhula*. Ce magicien porte le vêtement de moine bouddhique; il est entouré de quatre disciples.

77 (8). *Nalina*. Ce *mahâsiddha* cueille des lotus dans un étang entouré de rochers.

78 (9). *Babhahi*. Ce *mahâsiddha* se trouve près d'une *yoginî* tenant un crâne.

79 (10). *Acinta*. Magicien-bûcheron chargé d'un fardeau et maniant une hache au moyen de laquelle il s'apprête à débiter une souche.

80 (11). *Dhamapa*. Ce magicien se présente sous l'aspect habituel de l'ascète; des livres sont étalés devant lui.

81 (12). *Mahi*. Ce *mahâsiddha* est vêtu d'un pagne; un disciple lui retient le poignet gauche.

LES EXISTENCES ANTÉRIEURES DES GRANDS LAMAS
DE TACHILHUNPO (bKRA-ÇIS-LHUN-PO) ET LES GRANDS
LAMAS DE TACHILHUNPO.

82. *Subhûti*. Se souvenant qu'il avait été *nâga* dans une
existence antérieure, Subhûti alla prêcher la loi aux *nâgas* et
à leurs ennemis les *garuḍas*. Les rois gardiens des quatre
points de l'espace *(lokapâla)* avaient, usant de leur puissance
magique, fait déferler les vagues du grand océan jusqu'à
l'endroit où le grand moine avait l'intention d'exposer la loi :
nâgas et *garuḍas* réconciliés vinrent entendre son enseignement. Les rois gardiens sont représentés à la partie inférieure
de la peinture. A la partie supérieure se trouve Maudgalyâyana, à gauche, Subhûti rendant visite au Bouddha,
accompagné de sa mère.

83. *Kulîka Mañjuçrîkîrti*. Ce personnage régna sur le
royaume de Žambhala, situé par quelques auteurs en Asie
centrale; il bannit de ses états un grand nombre d'adorateurs
du soleil et enseigna le système philosophique Kâlacakra
(roue du temps); il mourut dans la seconde moitié du premier
siècle avant notre ère.

Kulîka porte de riches vêtements et de somptueuses
parures; sa main gauche tient un livre, sa main droite
esquisse le geste de l'argumentation. Devant lui sont groupés
des serviteurs et des hérétiques. A la partie inférieure de la
peinture se trouve un roi gardien *(lokapâla)* rouge, porteur
des attributs de Virûḍhaka (épée), de Vaiçravaṇa (mangouste)
et de Virûpâkṣa *(stûpa-joyau)*. A la partie supérieure,
Vajradhara et un personnage royal. Les influences de l'Inde
médiévale — et plus particulièrement celles du Bihâr et de
l'Orissa, introduites par Atîça au Tibet — ont marqué de leur
forte empreinte l'ensemble de la composition et particulièrement le personnage de Kulîka Mañjuçrîkîrti.

84. *L'âcârya Bhavaviveka*. Bhavaviveka fut ordonné par
Nâgârjuna; il écrivit différents ouvrages et fut l'inspirateur
de l'école « Mâdhyamika Svatantra ».

Notre peinture représente les différentes phases de la

conversion d'un hérétique nu : la controverse et la coupe des cheveux. Le décor mêle des éléments chinois à des détails purement indo-persans.

85. *Abhayâkara.* Ce moine naquit au IXe siècle de notre ère dans le Bengale; il écrivit de nombreux ouvrages de controverse et d'exégèse sur le Vinaya (règles disciplinaires).

L'épisode figuré sur notre peinture est emprunté à la légende du Saint. Un roi de basse caste désirait sacrifier un certain nombre de prisonniers qu'il retenait dans ses geôles. Abhayâkara intervint aussitôt en leur faveur. Ne pouvant vaincre le refus obstiné du roi, il fit apparaître, au grand effroi du monarque, un serpent monstrueux et obtint aussitôt la libération des prisonniers. Cette scène est représentée à la partie inférieure de la peinture; on aperçoit également le Mahâkâla protecteur de la tente et, à la partie supérieure, la *dâkinî* Na-ro-mka'-spyod-ma accompagnée d'un *mahâsiddha.*

86. *rTa-nag-gos-lo-ca-ba Kug-pa-lhas-rcis.* Savant et traducteur réputé de l'école d'Atîça. Il est représenté, un livre à la main, donnant des instructions à des copistes placés devant lui. On aperçoit, à la partie supérieure de la peinture, Atîça, Vajrasattva sous la forme tantrique; à la partie inférieure, Yama.

87. Le *Sa-skya paṇḍita* (1182-1252). Ce moine fut admis dans les ordres par le révérend Yaçodhvajâ et se fit remarquer aussitôt dans toutes les études alors en honneur : médecine, grammaire, littérature sacrée. Il a laissé un grand nombre de traductions d'ouvrages théologiques aussi bien orthodoxes qu'hétérodoxes. Son activité s'étendit au-delà des limites du Tibet, il réussit même à convertir un maître hérétique fameux. Son neveu, le lama 'Phags-pa fut admis à la cour de Khubilai Khan.

Notre image évoque sans doute cet épisode de la conversion. Le Sa-skya-paṇḍita est assis sur un trône doré recouvert d'une somptueuse étoffe jaune; la souplesse de son jeune corps encore accentuée par la préciosité du geste accuse une inspiration indienne encore pleine de maîtrise. Derrière lui se trouve une statue de Maitreya. On peut voir, à la partie supérieure, une représentation de Mañjuçrî, à gauche, le révérend Yaçodhvajâ, en bas à droite, Acala.

88. *gYuṅ-ston rdo-rȷe dpal* (1284-1376). gYuṅ-ston fut l'un des représentants les plus autorisés du système philosophique Kâlacakra ; il devint particulièrement habile dans la conjuration des divinités terribles. L'évocation de la face de Mahâkâla est représentée sur notre peinture. gYuṅ-ston est assisté de trois disciples, qui semblent prêter la plus grande attention à cette opération magique. A la partie supérieure de la peinture se trouve Bhairava ; à gauche Zur-dbaṅ Byams-pa seṅ-ge ; en bas à gauche, Mahâkâla.

89. *mKhas-grub-dge-legs-dpal-bȥaṅ* (1385-1439). Elève de bCoṅ-Kha-pa, fut élevé à la dignité d'abbé du monastère de dGa'-ldan à l'âge de quarante-six ans. Il travailla très activement à l'extension de la secte orthodoxe fondée par son maître.

mKhas-grub est représenté tête nue, tenant un plateau enveloppé d'un linge ; près de lui se tient un moine ; plus bas apparaît un autre moine, plongé dans la lecture des textes, plus à droite, un Mahâkâla à six bras. A la partie supérieure, bCoṅ-Kha-pa ; le grand moine est assis sur un éléphant blanc guidé par un moine.

90. *bSod-nams-phyogs-glaṅ* (1439-1505). Ce moine fit ses études au célèbre monastère de dGa'-ldan ; il retourna ensuite dans son pays natal et forma un grand nombre d'élèves. bSod-nams acheva ses jours dans la solitude propice à la méditation et au travail.

Le peintre a représenté le saint dans le décor qu'il affectionnait particulièrement : un paysage de montagnes escarpées. Au premier plan, des jeunes femmes célestes, debout sur les nuages, tiennent les extrémités d'un drap sur lequel passe un enfant auréolé : cette scène est la figuration d'un rêve prophétique qui aurait déterminé la vocation de bSod-nams-phyogs-glaṅ (1). Plus haut, à droite, l'enfant agenouillé se laisse couper les cheveux. On remarque encore un Bodhisattva jaune (Mañjuvajra) et une Çrîdevî.

91. *Le Pan-čhen Blo-bȥaṅ Ye-çes dpal-bȥaṅ* (1663-1737). Ye-çes dpal-bzaṅ était déjà considéré, à l'âge de huit ans,

(1) XIV, fig. 23.

comme une incarnation du précédent Rin-po-čhe. Il se rendit à Lha-sa et fut ordonné à l'âge de vingt ans. Il reçut les vœux d'un Dalaï-lama qui reçut le nom de Blo-bzaṅ skal-bzaṅ. En 1713, un envoyé de l'empereur de Chine lui remit un message du souverain; ce fut d'ailleurs sur les instances des commissaires impériaux qu'il accepta, en 1728, le pouvoir temporel.

Le *pan-čhen* est assis sur un trône richement orné; il tient le pâtra de la main gauche et fait, de la main droite, le geste du prêche. Trois divinités sont représentées à la partie inférieure; une divinité blanche, Çrîdevî et le dGra-lha.

92. *rGyal-dbaṅ blo-bʒaṅ-skal bʒaṅ-rgya-mcho*(1705-1758). Le troisième Dalaï-lama. Son entourage est composé d'un grand nombre de divinités : Samvara, Amitâyus, Târâ la blanche, Vaiçravaṇa, Yama, Çrîdevî, Târâ la verte, Telopa.

Le même personnage est représenté sur une autre peinture. Ses attributs sont le livre surmonté du glaive et un autre livre placé directement dans sa main.

93. *Mi-la-ras-pa* (1) (1038-1122). Moine errant, poète, magicien, l'une des figures les plus captivantes de l'histoire tibétaine, Mi-la-ras-pa a pris du Bouddhisme ce qui lui convenait, sans jamais subir l'emprise totale de la culture indienne; aussi a-t-il laissé une œuvre véritablement originale, la seule qui exprime l'être tibétain. Mi-la est le chantre des solitudes himâlayennes et de la vie contemplative.

Il semble qu'il y ait dans son œuvre un reflet du mysticisme taoïste si épris de la nature et de ses mystères. Une attention charmée et toujours neuve, la compréhension intuitive du phénoménal dans ce qu'il a de plus nuancé et de moins accessible aux natures ordinaires, caractérisent Mi-la. Les peintres le représentent attentif, recueillant quelque écho lointain. Près de lui, dans la pose de l'attention soumise, les disciples sont groupés. Tout à l'entour du maître de nombreuses miniatures illustrent son rNam-thar (légende) aux détails pittoresques : querelle avec son oncle au sujet de l'héritage paternel, rencontre de Mar-pa son futur *guru*, apprentissage de la magie, châtiment de l'oncle. Tout le

(1) Bibliographie, voir LXXII. En préparation : *La légende de Mila-ras-pa*, par JACQUES BACOT.

Tibet. — Tsoṅ-Kha-pa. (Mission Jacques Bacot.)

thème de la vengeance, lentement mûrie, se développe, chargé de curieux traits de mœurs, jusqu'au châtiment du coupable, qui se croyait assuré de l'impunité.

94. *bCoṅ-khapa* (Tsongkhapa) (Âryamaharatnasumatikîrti). Le saint est habituellement coiffé du bonnet (jaune sur les peintures), et porte les attributs de Mañjuç'rî, le livre et l'épée, sa monture est l'éléphant (Pl. XXIII).

CHAPITRE III

LES OBJETS RITUELS ET LES LIVRES

Nous en aurions fini avec le Tibet si nous n'avions à
examiner quelques objets rituels, des livres, des pierres
gravées et des feuillets magiques, accessoires du culte
lamaïque ; enfin quelques peintures de la religion tibétaine
préexistante au bouddhisme, mais profondément entamée par
les influences bouddhiques : nous voulons parler de la religion
Bon-po.

Nous avons eu l'occasion de noter que l'influence du
lamaïsme, très vivace sous les empereurs mongols, s'était
également exercée au début de la dynastie nationale des
Ming. Le recueil d'iconographie lamaïste de la collection
C.-E. Bonin, témoigne de la persistance de ces influences, il
est daté de la sixième année de la période Siuan-tö (1426)
et s'ouvre sur une représentation de Mañjuçrî, Çâkya-muni
et Avalokiteçvara ; les principales divinités du panthéon
lamaïste trouvent place sur les feuillets suivants. Les inscriptions donnent le nom de la divinité en sanscrit, tibétain,
mongol, chinois et ajoutent une transcription phonétique en
caractères chinois du nom tibétain, ainsi que la *dhâraṇî* de
chacune des divinités représentées. Vingt et une divinités
féminines figurent à la fin du premier fascicule. Les
gravures sont accompagnées d'une inscription marginale en
chinois énumérant les principales particularités physiques de
la divinité (couleur, nombre de faces, de bras). Une invocation spéciale, rédigée en sanscrit, tibétain, mongol et chinois
figure au-dessous de l'image de la divinité.

Plus nettement chinoises apparaissent les illustrations du deuxième fascicule, où nous pouvons reconnaître le Bouddha entouré de Kâçyapa, d'Ananda, des grands Bodhisattvas, d'un groupe de dix religieux, des *lokapâlas*. Les trente cinq Bouddhas de confession sont représentés sur les feuillets suivants. Les textes reproduits sont : 1° l'Amitâyussûtra, traduit en 402 par Kumârajîva (Nanjio, catalogue, n° 200; trad. Ymaizoumi et Yamata, *Annales du Musée Guimet*, t. II, pp. 39-44). 2° Le chapitre relatif à Avalokiteçvara du Saddharmapuṇḍarîka. 3° Vajraččhedikaprajñâpâramita traduit en 400 par Kumârajîva (Nanjio, catalogue, n° 19).

Quelques exemplaires d'une belle édition mongole de textes bouddhiques se trouvent également au Musée Guimet. Le feuillet liminaire est peint en or sur noir et orné de miniatures représentant les principales divinités du panthéon bouddhique : Bouddhas, Bodhisattvas, Târâs blanches et vertes, divinités protectrices; les autres feuillets sont couverts d'une impression rouge très nette.

Des feuillets magiques, qui à eux seuls mériteraient une étude détaillée, reproduisent les cercles magiques de la terre, de l'eau, du feu et de l'air, les instruments employés au cours des cérémonies d'exorcisme, de conjuration : poignard magique *(phur-bu)*, vase, crâne, peau humaine, ossements humains; toute la série des démons enchaînés, tourmentés par des scorpions : démon des maladies du bétail, démon de l'ignorance, démon de la folie et enfin les différents domaines des *nâgas*. Toutes ces représentations sont soulignées de formules conjuratoires et traitées avec une souplesse cursive qui témoigne d'une grande habileté technique.

Des feuilles de bouleau portent également des inscriptions en cursive, répétant des *dhâraṇîs*; ce sont ensuite des plaques de schiste portant gravée la formule oṃ maṇi padme huṃ (oṃ, joyau dans le lotus, huṃ), l'invocation aux trente-cinq Bouddhas de confession. Deux plaques reproduisent l'image de l'*arhat* Kanakabharadhvajâ. (Don du marquis de Jaucourt).

Des objets rituels, en grand nombre, figurent sur les autels ou sont employés par les religieux au cours des offices; citons les *stûpas* (*mchod-rten*) du type tibétain et du type indo-siamois, les couteaux *(gri-gug)* qui servent à taillader les figurines représentant les mauvais esprits, les *vajras* (foudre) à huit branches et à quatre branches, les sonnettes dont la poignée est formée par un demi-*vajra*, les vases, le poignard (*phur-bu*), en fer ou en bois de rhododendron, terminé par une triple représentation de la tête de Hayagrîva *(rta-mgrin),* les reliquaires de style tibétain, persan ou chinois de dimensions très variables, contenant des figurines de terre recouvertes d'un enduit polychromé ou doré, ou même des statuettes de bronze doré, les chapelets, bois, coquillages, ossements humains, les moulins à prières contenant des formules manuscrites ou imprimées disposées à l'intérieur du cylindre; ce cylindre est placé sur pivot formé d'un fragment de coquillage. Ajoutons à ces accessoires les crânes servant de coupes libatoires, les ossements humains employés comme instruments de musique, les tambours magiques formés de calottes crâniennes accolées, les conques dont on tire un son particulièrement puissant, les masques de goule, de mort et de rois des démons, employés pour les danses sacrées ou les représentations des mystères, les coiffures à cinq feuillets *(cod-pan)* portant l'image des cinq Bouddhas de méditation, les masses de bois recouvert de métal, insignes des dignitaires ecclésiastiques détenteurs du pouvoir judiciaire (*čhogs chen ẓal* no) (1).

*
* *

Peintures Bon-po. Ces peintures, au nombre de douze, acquises par M. le général d'Ollone, au cours de sa mission de 1907, représentent les principaux épisodes de la légende de gÇen-rabs-mi-bo, le grand prophète des Bon-po. Les illustrations s'inspirent manifestement des traditions de l'iconographie lamaïste. Le seul texte que nous ayons actuellement en notre possession, le *rGyal-rabs-bon-gyi-'byuṅ-gnas* (édition Sarat Chandra Das) (2), montre bien que les emprunts

(1) LXXIX, p. 534.
(2) LXVIII.

Tibet. — Peinture Bon-po. (Mission d'Ollone.)

du Bonisme modifié *(bsgvur bon)* ne se limitent pas à l'iconographie; mais, que les écritures bouddhiques ont été également démarquées.

Le *rGyal-rabs-bon-gyi-'byuṅ-gnas,* citant un passage du *Khams-brgyad* montre gÇen-rabs-mi-bo quittant le ciel des *Tuṣitas* (dGah-ldan) pour s'incarner dans le sein de sa mère. La scène est représentée à la partie supérieure de la peinture : gÇen-rabs se manifeste sous la forme humaine; mais à côté de lui se trouve un oiseau de couleur bleue, le « *gyu-bya-khu-byug* » du texte. La légende nous apprend en effet que Gçen-rab se transforma en oiseau pour pénétrer dans le sein de sa mère. Ce oiseau magique descendit du ciel à l'endroit où s'éleva plus tard le *stûpa* « de la descente du Maître de chez les dieux », *(ston-pa lha-las babs-pa'i mčhod-rten).*

gÇen-rabs naquit le quinzième jour du premier mois de printemps, à l'aube, dans un jardin aux fleurs charmantes; il sortit de l'aisselle droite de sa mère ; sa couleur était celle des cimes neigeuses éclairées par le soleil levant. Devenu moine, il reçut de la déesse de la fortune un vase d'or rempli d'*amṛta* (nectar). Une légère ablution d'*amṛta* lui communiqua la belle couleur dorée qu'il conserva jusqu'à son *nirvâṇa.*

Ses premières années rappellent celles du Bouddha; il reçut les leçons d'un savant précepteur et devint habile dans les arts de la magie, au point de pouvoir transformer un corps en plusieurs et de réunir plusieurs corps en un seul, de parler une seule langue, et d'être compris des êtres des six *gaṭis* (conditions); aussi reçut-il les hommages des animaux (gazelles, singes, etc., (et des huit grands *nâgas.* Il est assisté des principaux dieux du Bonisme, le Khyuṅ *(garuḍa),* d'une divinité rappelant Hayagrîva aux ailes éployées, d'une autre divinité terrible très proche par son aspect du gSaṅ-ba (forme Bon de Vajrapâṇi) décrit par M. J. van Manen (1).

Une autre peinture illustre le grand exploit de gÇen-rabs-mi-bo luttant contre le chef des *râkṣasas* gLaṅ-mgo-čan (possédant une tête d'éléphant) et ses suppôts, parmi lesquels *daça grîva* (!) (dix crinières, une épithète de Râvana), violem-

---

(1) LXXXI, pl. VI.

ment opposés à la construction d'un grand temple, édifié par ordre de l'empereur de Chine. gÇen-rabs, aidé de son général, le monstre à neuf têtes (dBu-dgu-pa) et à dix-huit bras, lui-même assisté de quatre génies à neuf têtes, mit en fuite les *râksasas* et le *makara* (monstre marin), qui menaçaient d'engloutir le palais (1).

(1) LXVII, p. 4. (Appendix). Rapprocher de LXXII*b*, p. 448.

Iʳᵉ PARTIE

Amitâyur-dhyâna-sûtra, traduction J. Takakusu (*Sacred books of the East*, vol. XLIX). Oxford, 1894. I

BURNOUF (E.). *Introduction à l'histoire du Bouddhisme indien*. Paris, 1844 II

COHN (W.). *Problems of Indian art* (*Rûpam*, nᵒ 3) III

COOMARASWAMY (A. K.). *Museum of Fine Arts* (Boston), *Bulletin*, vol. XVII, nᵒ 104. . . IV

FOUCHER (A.). *L'art gréco-bouddhique du Gandhâra. Etude sur l'influence classique dans l'art bouddhique de l'Inde et de l'Extrême-Orient.* (*Publications de l'Ecole française d'Extrême-Orient*, vol. V.) Tome I. Paris, 1905) V

IDEM. *Idem*. Tome II (1ᵉʳ fascicule). Paris, 1918. VI

IDEM. *Idem*. Tome II (2ᵉ fascicule). Paris, 1923. (*Publications de l'École française d'Extrême-Orient*, vol. VI.) VII

FOUCHER (A.). *Etude sur l'iconographie bouddhique de l'Inde d'après des documents nouveaux (Bibliothèque de l'Ecole des Hautes-Etudes, Sciences religieuses)*, XIIIᵉ volume, (1ʳᵉ partie). Paris, 1900. (2ᵉ partie), Paris, 1905 VIII

FOUCHER (A.). *La porte orientale du Stûpa de Sânchî.* (*Annales du Musée Guimet, Bibliothèque de vulgarisation*, t. XXXIV.) . . . IX

IIe PARTIE

IIIe PARTIE

IVᵉ PARTIE

GRÜNDWEDEL (A.). *Padmasambhava und ver-wandtes*(*Baessler Archiv.*, Bd. III, Heft, 1,5)   LXXIV

HACKIN (J.). *L'art tibétain* (Introduction de M. J. Bacot). Paris, 1911   LXXV

HACKIN (J.). *Les scènes figurées de la vie du Bouddha dans l'iconographie tibétaine* (*Mémoires concernant l'Asie orientale*, t. II). Paris, 1916   LXXVI

HACKIN (J.). *Some notes on tibetan paintings* (*Rûpam* nº 7).   LXXVII

HACKIN (J.). *Documents tibétains de la mission Bacot* (*Bulletin archéologique du Musée Guimet*, fs. II). Paris, 1921   LXXVIII

KAWAGUCHI (E.) *Three years in Tibet*. Madras, 1909   LXXIX

LAUFER (B.). *Der Roman einer tibetischen König-in*. Leipzig, 1911   LXXX

MANEN (J. VAN). *Concerning a Bon image* (*J. & P. A. S. B.*, new series, vol. XVIII, 1922, nº 2, p. 195-212)   LXXXI

ROCKHILL (W. W.). *The Dalaï Lamas of Lhasa* (*T'oung Pao*, II, vol. XI, 1910)   LXXXII

SCHIEFNER (A.). *Eine tibetische Lebensbeschrei-bûng Çâkyamuni's dès Begründers des Buddhathums*. St-Petersbürg, 1849 . . .   LXXXIII

SCHULEMANN (G.). *Die Geschichte der Dalaï Lamas*. Heidelberg, 1913.   LXXXIV

TOUSSAINT (G.-CH.). *Le Padma than-yig* (*Bulletin de l'Ecole française d'Extrême-Orient.* T. XX, p. 13-56)   LXXXV

WADDELL (L. A.). *Chinese Imperial Edict of 1808 on the Origin and Transmigration of the Grand Lamas of Tibet* (*The Journal of the Royal Asiatic Society*, 1910, p. 69-88)   LXXXVI

ADDITIONS ET CORRECTIONS

P. 16, 8ᵉ ligne : au lieu de « privéde », lire « privé de ».

P. 30, 20ᵉ ligne : au lieu de « *parivara* », lire « *parivâra* ».

P. 34, 2ᵉ ligne :   »   »   »

P. 40, 28ᵉ ligne :   »   »   »

P. 35, 22ᵉ ligne : au lieu de « *dharmacakrapravartanam* »,
lire « *dharmacakrapravartana* ».

P. 76, 11ᵉ ligne : au lieu de « *dharmacakrapravartanam* »,
lire « *dharmacakrapravartana* ».

P. 41, 31ᵉ ligne : au lieu de « Butsu-zô-zu-i », lire « Butsuzô
zue ».

P. 43, 29ᵉ ligne : au lieu de « Ts'en-kouang », lire « Ts'in-
kouang ».

P. 44, 6ᵉ ligne : ajouter « le septième roi, T'ai-chan (7ᵉ période de 7 jours) ».

P. 47, 8ᵉ ligne : au lieu de « Touen houang », lire « Touen-
houang ».

P. 50, 14ᵉ ligne : au lieu de « Kumarajiva », lire « Kumârajîva ».

P. 64, 8ᵉ ligne : au lieu de « bTsoń-kha-pa », lire « bCoń-
kha-pa ».

P. 64, 18ᵉ ligne : au lieu de « gÇen-rab-mi-bo », lire « gÇen-
rabs-mi-bo ».

P. 73, 17ᵉ ligne : au lieu de « Çrâvasti », lire « Çrâvastî ».

P. 79, 11ᵉ ligne :   »   »   »

P. 75, au bas de la page : au lieu de « Uruvilva », lire « Uru-
vilvâ ».

P. 76, 4e ligne : au lieu de « Anâthapindada », lire « Anâ-
              thapindada ».
P. 79, 13e ligne : au lieu de « Vaiçâli », lire « Vaiçâlî ».
P. 83, 11e ligne : au lieu de « Mâtangi », lire « Mâtangî ».
P. 86, 11e ligne : au lieu de « Canda », lire « Cunda ».
P. 87, 12e ligne : au lieu de « Matrkâ », lire « Mâtrkâ ».
P. 96, avant dernière ligne, au lieu de « Padmasambhara »,
              lire « Padmasambhava ».
P. 111, 20e ligne : au lieu de « b Con-Kha-pa », lire « b Con-
              kha-pa ».
P. 113, 4e ligne : au lieu de « Âryamaharatnasumatikîrti »,
              lire « Âryamahâratnasumatikîrti ».
P. 113, 6e ligne : au lieu de « Mañjuç'rî », lire « Mañjuçrî ».
P. 32, 60, 76, 80, 81, 82, 83, 85, 86, 87, 115 : au lieu de
              « Ananda », lire « Ânanda ».

Ire Partie. — Dans la bibliographie le nom de M. von Le Coq
              doit suivre celui de M. de la Vallée-
              Poussin.

IIe Partie. — P. 123, sous le n° XLIX : au lieu de « II,
              p. 424 », lire « III, p. 424 ».

IVe Partie. — P. 126, sous le n° LXXXIII : au lieu de
              « Lebensbeschreibùng », lire « Lebensbe-
              schreibung ».
              Au lieu de « Saint-Petersbürg », lire « Saint-
              Petersburg ».

Pl.   X, au lieu de « Kṣitigarba », lire « Kṣitigarbha ».
Pl. XIV, au lieu de « Çramana », lire « Çramaṇa ».
              au lieu de « Buddha », lire « Bouddha ».

Addition à la bibliographie : Sur le Yamato-é, voir Serge
     Elisséèv, *La Peinture contemporaine au Japon*, Paris,
     1923, p. 7.

GLOSSAIRE

A

B

C

D

rGyal-dbaṅ blo-bzaṅ skal-bzaṅ rgya-mcho, nom du 3ᵉ Dalaï-Lama   112
rGyal-rabs bon-gyi ’byuṅ-gnas, texte Bon-po renfermant des détails
sur la vie de gÇen-rabs-mi-bo 116, 117

H

Han	(dynastie des)	33, 48, 54, 55
Hârîtî,	nom d’une ogresse convertie par le Bouddha . .	84
Hastnagar	(pilier de)	22
Hatthâlavaka,	nom donné à un enfant sauvé par le Bouddha . .	78
Haut Mña-ris,	province du Tibet.	65
Hayagrîva,	nom d’une divinité bouddhique, protectrice des chevaux	96, 116, 117
Hînayâna	. . . .	9, 32
Hindoustan	. . . .	24
Hing-kouo,	titre de règne	40
Hiranyavatî	(La rivière).	86
Hiru,	nom d’un ministre du roi Rudrâyaṇa	78
Hiuan-tsang,	nom d’un pèlerin bouddhique chinois du VIIᵉ siècle 9, 24. 32, 60, 61, 62, 83	
ho-chang,	moine, expression chinoise répondant au sanscrit bhikṣu.	64
Horyûji	(temple de).	52, 53
Houei-cheng,	nom d’un pèlerin bouddhique chinois du VIᵉ siècle	50
Huns blancs	. . . .	24, 50

I

ichneumon,	attribut de Kubera	38
Illumination	. . . . . . , ...	6, 19, 22
Illuminés	(sept), du passé	14
Inde	. . . .	23, 24, 50, 62, 67, 71, 109
Inde du Nord	. . . .	16
Indochine	. . . .	8
Indo-Siamois	. . . .	116
Indra	. . . .	23, 71, 73, 74, 86, 88, 94
Indrapâla,	nom porté par le grand sorcier Dârika, roi de Çala-putra	98
Indrabhûti,	nom porté par un grand sorcier et par le père adoptif de Padmasambhava	100, 107

O

P

Q

quatre rencontres   6
quatre-vingts signes secondaires 17

R

Râhula,	le fils du Bouddha, l'un des seize *arhats*	62
Râhulabhadra,	nom d'un grand sorcier.	104
Râjapurî,	lieu d'origine de Kapâlika	101
Râjagṛha,	capitale du Magadha	80, 82, 84
Râjayoga,	*yoga* royal, l'une des branches du *yoga* . . .	10
-*râkṣasa*,	ogre	83, 88, 117, 118
Ra-la	(dynastie), du Haut Mṅa-ris	65
Rameçvara,	lieu d'origine du grand sorcier Koṭali	65, 108
Ratnasambhava,	l'un des Dhyâni-Bouddhas.	88, 93
Râvana,	tyran de Laṅka, vaincu par Râma	117
ri-bo-rce-lṅa,	nom tibétain de la montagne aux cinq sommets (*wou-t'ai-chan*).	92
rin-po-čhe,	titre porté par le grand lama de bKra-çis-lhun-po .	112
Roruka,	capitale du roî Rudrâyaṇa.	77, 78
ṛṣi,	ermite	81
Rudrâyaṇa,	roi de Roruka, assassiné sur l'ordre de son fils. .	77
Rummindêi,	village situé sur l'emplacement du jardin Lumbinî, lieu de naissance du Bouddha Çâkya-muni. .	5, 10, 11

S

sâdhana,	réussite, texte magique renfermant des formules conjuratoires	10
Saddharmapuṇḍarîkasûtra,	texte bouddhique traduit par E Burnouf; le XXVe chapitre de cet ouvrage énumère, en les commentant, les miracles d'Avalokiteçvara .	42
SAINT-VICTOR	(Gabriel de), membre du Comité Conseil du Musée Guimet, chargé de mission en Chine; offre différents objets au Musée Guimet.	95
Sâkala,	la moderne Siâlkot, ville de Panjab, capitale des Huns blancs (VIe siècle)	24
Sakara,	nom d'un grand sorcier.	101
Samantabhadra,	nom d'un grand Bodhisattva	45, 46, 92

T

U

V

Vitastâ,	nom ancien de la rivière Jhilam.
VOGEL	(J. Ph.), ancien fonctionnaire du service archéologique de l'Inde, professeur à l'Université de Leyde, correspondant de l'Ecole française d'Extrême Orient.
VOISINS	(Gilbert de), membre de la mission Segalen-Lartigue-de Voisins.
Vrijjis, Vajji,	l'une de seize grandes nations de l'Inde 85, 86
Vyâli,	nom d'un grand sorcier. 100

W

WACHSBERGER	(A.), collaborateur de l'*Ostasiatische Zeitschrift* (voir partie bibliographique) 20, 35
WADDELL	(L. A.), auteur de *Buddhism of Tibet* et de nombreuses études de détail sur le Bouddhisme tibétain 93
Wang,	juge infernal 44
Wei	(dynastie des) . . . 25, 47, 49, 50, 51, 53, 55, 56, 57, 58, 59
Wei-t'o,	divinité du bouddhisme chinois 62, 68
Wen-tcheng	(princesse de), épouse chinoise du roi Sron-bcan-sgam-po 92
Wen-tö	nom posthume de l'impératrice Tchang-souen . . 59
WOODROFFE	(Sir John), éditeur et traducteur d'œuvres tantriques 10
Wou	(l'empereur), fondateur du poste de Touen-houang 33
Wou Kouan,	quatrième roi des enfers 43, 45
Wou t'ai chan,	montagne aux cinq sommets, centre du culte de Mañjuçrî. 92
Wou-tcheou	(montagne). 51

Y

Yaças,	fils d'un banquier de Bénarès, converti par le Bouddha. . . . . , 75
Yaçodharâ,	épouse de Bouddha 76, 82
Yaçodhvajâ,	nom d'un saint lama 110, 111
yakṣa,	génie placé sous la dépendance de Vaiçravaṇa . . 12. 20, 23, 42, 43, 44, 48, 78, 83, 84, 88, 96
yakṣinî,	femelle du *yakṣa* 84, 85
Yama,	roi des enfers 44. 45, 96, 110, 112

Z

ANNALES DU MUSÉE GUIMET

GRANDE BIBLIOTHÈQUE

Série in-4°.

Editions Ernest Leroux, 28, Rue Bonaparte (VIe)

I. Mélanges. In-4, 8 planches hors texte.   3o fr.

> E. Guimet. Rapport sur sa mission scientifique en Extrême-Orient. — Le Mandara de Koô-boô-Daï-shi dans le temple de To-ô-dji à Kioto. — Hignard. Le Mythe de Vénus. — Chabas. De l'usage des bâtons de main chez les anciens Egyptiens et chez les Hébreux. — Ed. Naville. Ostracon égyptien du Musée Guimet. — E. Lefébure. Les races connues des Égyptiens. — Garcin de Tassy. Tableau de Kâli-Youg ou Age de fer. — P. Regnaud. La Métrique de Bhârata. — Le Pessimisme brâhmanique. — C. Alwyss. Visites des Bouddhas à Lanka (Ceylan). — J. Dupuis. Voyage au Yun-nan. — Eitel. Le Feng-shoui ou Principes de science naturelle en Chine. — Philastre. Exégèse chinoise. — Shidda. Explication des anciens caractères sanscrits. Traduit du japonais. — Conférences entre la secte Sïn-Siou et la mission scientifique française.

II. Mélanges. In-4.   3o fr.

> Max Müller. Anciens textes sanscrits découverts au Japon. — Ymaïzoumi. O-mi-to-King, ou Soukhavâtî-vyûha-Soûtra, texte vieux-sanscrit traduit d'après la version chinoise de Koumârajiva. — P. Regnaud. La Métrique de Bhârata, texte sanscrit, suivi d'une interprétation française. — Léon Feer. Analyse du Kandjour et du Tandjour, recueils des livres sacrés du Tibet, par Csoma de Köros.

III. Le Bouddhisme au Tibet, par Em. de Schlagintweit, traduit de l'anglais par L. de Milloué. In-4, 40 planches hors texte.   40 fr.

IV. **Mélanges.** In-4, 11 planches hors texte. 30 fr.

E. Lefébure. Le puits de Deïr-el-Bahari. — F. Chabas. Table à libations du Musée Guimet. — D^r Al. Colson. Sur un Hercule phallophore, dieu de la génération. — P. Regnaud. Le Pancha-Tantra, son origine, sa rédaction, son expansion. — Rev. J. Edkins. La religion en Chine. Exposé des trois religions des Chinois.

V. **Fragments du Kandjour**, traduits du tibétain, par L. Feer. In-4. 40 fr.

VI. **Le Lalita-Vistara**, ou Développement des jeux, contenant l'histoire du Bouddha Çâkia-Mouni, depuis sa naissance jusqu'à sa prédication. Traduction française par Ph.-Ed. Foucaux, professeur au Collège de France. In-4, planches. Épuisé.

VII. **Mélanges.** In-4, 6 planches hors texte. 40 fr.

A. Bourquin. Brâhmakarma ou rites sacrés des Brâhmanes, traduit du sanscrit. — Dharmasindhu, ou Océan des rites religieux, par le prêtre Kâshinâtha, traduit du sanscrit. — Sénathi-Raja. Remarques sur la secte çivaïte de l'Inde méridionale. — A. Locard. Les coquilles sacrées dans les religions indoues. — Coomara-Swamy. Dâthâvança, histoire de la Dent-Relique du Bouddha Gautama, poème épique de Dhamma-Kitti. — Gerson da Cunha. Mémoire sur l'histoire de la Dent-Relique de Ceylan, précédé d'un essai sur la vie et la religion de Gautama Buddha. — P. Regnaud. Etudes phonétiques et morphologiques dans le domaine des langues indo-européennes.

VIII. **Le Yi-King**, ou Livre des Changements de la dynastie des Tscheou, traduit du chinois, avec les commentaires de Tscheng-Tsé et de Tschou-hi et des extraits des principaux commentateurs par P.-L.-F. Philastre. Première partie. In-4. Épuisé.

IX. **Les hypogées royaux de Thèbes**, par E. Lefébure. Première division : Le tombeau de Séti Ier, publié *in extenso* avec le concours de MM. U. Bouriant, V. Loret et Ed. Naville. In-4. 130 planches hors texte. 100 fr.

X. **Mélanges.** In-4, illustré de dessins et de 24 planches. 60 fr.

Mémoires relatifs aux religions et aux monuments anciens de l'Amérique. La stèle de Palenqué, par Ch. Rau. — Idoles de l'Amazone, par J. Verissimo. — Sculptures de Santa-Lucia Cosumalwhuapa (Guaté-mala), par S. Habel. — Les pierres sculptées du Guatémala (Musée de Berlin), par A. Bastian.

Mémoires divers. — Le Shinthoïsme, sa mythologie, sa morale, par M. A. Tomii. — Les Idées philosophiques et religieuses des Jainas, par S.-J Warren. — Le Mythe de Vrishabda, par L. de Milloué. — Le Dialogue de Çuka et de Rhamba, par J. Grandjean. — La Question des aspirées en sanscrit et en grec, par P. Regnaud. — Deux inscriptions phéniciennes inédites, par C. Clermont-Ganneau. — Le Galet d'Antibes, offrande phallique à Aphrodite, par H. Bazin.

Mémoires d'égyptologie. — La tombe d'un ancien Égyptien, par V. Loret. — Les quatre races dans le ciel inférieur des Égyptiens, par E. Lieblein. — Un des procédés du démiurge égyptien, par E. Lefébure. — Maa, déesse de la Vérité, son rôle dans le panthéon égyptien, par A. Wiedemann.

XI. XII. **La religion populaire des Chinois**, par J.-J.-M. DE GROOT. Les fêtes annuellement célébrées à Emoui (Amoy). Traduit du hollandais, par C.-G. CHAVANNES. Illustrations par F. Regamey et héliogravures. 2 volumes in-4, 38 planches. 80 fr.

XIII. **Le Ramayana**, au point de vue religieux, philosophique et moral, par CH. SHOEBEL. **Un volume in-4.** Épuisé.

    Couronné par l'Institut.

XIV. **Essai sur le gnosticisme égyptien**, ses développements, son origine égyptienne, par E. AMÉLINEAU. In-4, planche. Épuisé.

XV. **Siao-Hio, la Petite Étude** ou **Morale de la Jeunesse**, avec le Commentaire de Tche-Siuen, traduit du chinois, par C. DE HARLEZ. In-4, carte. 30 fr.

XVI. **Les hypogées royaux de Thèbes**, par E. LEFÉBURE. In-4 en 2 fascicules avec planches. 100 fr.

    Fascicule 1. Seconde division des Hypogées. Notices des Hypogées publiées avec le concours de Ed. Naville et Ern. Schiaparelli. — Fascicule II. Troisième division. Tombeau de Ramsès IV.

XVII. **Monuments pour servir à l'histoire de l'Égypte chré-tienne au IVe siècle.** Histoire de saint Pakhôme et de ses communautés. Documents coptes et arabes inédits publiés et traduits par E. AMÉLINEAU. In-4. Épuisé.

XVIII. **Avadana çataka.** Cent légendes bouddhiques, traduites du sanscrit par LÉON FEER. In-4.   Épuîsé.

XIX. **Le Latita-Vistara,** ou Développement des jeux, histoire du Bouddha Çâkya-Mouni, par PH.-ED. FOUCAUX, professeur au Collège de France — II. Notes, Variantes et Index. In-4.   Épuisé.

XX. **Textes taoistes,,** traduits des originaux chinois et commentés par C. DE HARLEZ. Un volume in-4.   40 fr.

XXI, XXII, XXIV. **Le Zend-Avesta.** Traduction nouvelle, avec commentaire historique et philologique, par JAMES DARMESTETER, professeur au Collège de France, 3 volumes in-4.

I. La Liturgie (Yasna et Vispéred). In-4.

II. La Loi (Vendidad). — L'Épopée (Yashts). — Le Livre de prières (Khorda-Avesta). In-4.

III. Origines de la littérature et de la religion zoroastriennes.

Appendice à la traduction de l'Avesta (Fragments des Nasks perdus, Index). In-4.   Épuisé.

L'Institut a décerné en 1893 le prix biennal de 20,000 francs à cet ouvrage.

XXIII. Le **Yi-King,** ou Livre des changements de la dynastie des Tscheou, traduit du chinois, avec les commentaires, par P.-L.-F. PHILASTRE. Seconde partie. In-4.   Épuisé.

XXV. **Monuments pour servir à l'histoire de l'Égypte chrétienne.** Histoire des monastères de la Basse-Égypte. Vies de saint Paul, saint Antoine, saint Macaire. Vies des saints Maxime et Domèce, de Jean le Nain, etc. Texte et traduction française, par E. AMÉLINEAU. In-4.   80 fr.

XXVI. I. — **La Corée,** ou Tchôsen (la Terre du Calme matinal), par le colonel CHAILLÉ LONG-BEY. In-4, figures et planches.   7 fr.

II. — **Guide** pour rendre propice l'Etoile qui garde chaque homme et pour connaître les destinées de l'année, traduit du coréen par HONG-TJYONG-OU et HENRI CHEVALIER. In-4.   10 fr.

REVUE DE L'HISTOIRE DES RELIGIONS

1880-1922

publiée sous la direction de MM. René Dussaud et Paul Alphandéry.

86 volumes in-8.

BIBLIOTHÈQUE D'ART

I. **Li-Long-Mien.** 40 fr.

II. **Okoma,** roman japonais, illustré par F. Regamey. 20 fr.

III. **Si-Ling.** 40 fr.

IV. **La peinture chinoise** au Musée Guimet, par Tchang Yi-tchou et J. Hackin. 12 fr. 50

V. **Les portraits d'Antinoë,** par E. Guimet. 20 fr.

BIBLIOTHÈQUE D'ÉTUDES

Série in-8°.

Tome I à XXV. *Éditions Ernest Leroux*, rue Bonaparte, 28, Paris (VIe).

I. **Le Rig-Véda** et les origines de la mythologie indo-européenne, par Paul Regnaud. Première partie, in-8. Épuisé.

II. **Les lois de Manou,** traduites par G. Strehly. In-8. Épuisé.

III. **Coffre à trésor attribué au Shogoun Iyé-Yoshi** (1838-1853). Étude héraldique et historique, par L. De Milloué et S. Kawamoura. In-8, figures. 20 fr.

IV. **Recherches sur le Bouddhisme,** par Minayeff, traduit du russe par Assier de Pompignan. Introduction par Em. Senart. In-8. Épuisé.

V. VI. **Voyage dans le Laos,** par Étienne Aymonier, 2 vol. in-8, avec 54 cartes. 64 fr.

VII. **Les Parsis.** Histoire des communautés zoroastriennes, par D. Menant. Première partie. In-8, fig. et 21 planches. 40 fr.
Couronné par l'Académie Française. — Prix Marcellin Guérin.

VIII. **Si-do-in-dzou**, Gestes de l'officiant dans les cérémonies mystiques des sectes Tendaï et Singon (Bouddhisme japonais), d'après le commentaire de M. HORIOU TOKI, supérieur du temple de Mitani-Dji. Traduit du japonais par S. KAWAMOURA. Introduction et annotation, par L. DE MILLOUÉ. In-8, 18 planches et reproduction fac-similé du texte. Épuisé.

IX. **La vie future**, d'après le mazdéisme, à la lumière des croyances parallèles dans les autres religions, par N. SŒDERBLOM. In-8. Epuisé.

X. XI. **Histoire du bouddhisme dans l'Inde,** par H. KERN, professeur à l'Université de Leyde. Traduit par M. GÉDÉON HUET. 2 vol. In-8. 40 fr.

XII. **Bod Youl** ou **Tibet,** le Paradis des Moines, par L. DE MILLOUÉ. In-8, planches. 24 fr.

XIII. **Le théâtre au Japon,** ses rapports avec les cultes locaux, par A. BENAZET. In-8, illustré. 15 fr.

XIV. **Le rituel du culte divin journalier en Egypte** d'après les papyrus de Berlin et les textes du temple de Séti Ier, à Abydos, par ALEXANDRE MORET. In-8, figures et planches. Épuisé.

XV. **Du caractère religieux de la royauté pharaonique,** par ALEXANDRE MORET. In-8, figures et planches. Epuisé.

XVI. **Le culte et les fêtes d'Adonis-Thammouz** dans l'Orient antique, par CHARLES VELLAY. In-8, figures et planches. 15 fr.

XVII. XVIII. **Le Népal,** étude historique d'un royaume indou, par SYLVAIN LÉVI. Tomes I, II. In-8, gravures et plan. Chacun 20 fr.

XIX. **Le Népal.** Tome III, comprenant : une série d'inscriptions anciennes du Népal; des notices sur quelques manuscrits népalais; l'explication des planches; un index général de l'ouvrage. In-8, planches. 20 fr.

XX. **Les livres sacrés du Cambodge**, par ADHÉMARD LECLÈRE. Première partie. La vie du Bouddha. — La vie de Dévadatta. In-8.   15 fr.

XXI. **Le T'ai-Chan**, par EDOUARD CHAVANNES.   40 fr.

XXII. **Essai de bibliographie Jaina**, répertoire méthodique et analytique des travaux relatifs au jaïnisme, par A. GUÉRINOT. Un volume in-8, 9 planches.   50 fr.

XXIII. **L'histoire des idées théosophiques dans l'Inde**. I. La théosophie brahmanique, par PAUL OLTRAMARE, professeur à l'Université de Genève. In-8.   Épuisé.

XXIV. Premier fascicule : **Études sur le calendrier égyptien**. Dates calendériques au point de vue de l'histoire de la civilisation par ED. MAHLER. Traduit et publié par ALEXANDRE MORET. In-8.   20 fr.

Le fascicule : Chronologie égyptienne par ED. MEYER, traduit par A. MORET.   24 fr.

XXV. **Les origines de l'Égypte pharaonique**. Première partie. La IIe et la IIIe dynastie par RAYMOND WEILL. In-8, figures et planches.   40 fr.

Paul Geuthner, éditeur, 13, rue Jacob.

XXVI-XXVII. **Archéologie du Sud de l'Inde**. Tome I : Architecture. — Tome II : Iconographie, par G. JOUVEAU-DUBREUIL.   60 fr.

XXVIII. **Le texte arménien de l'Évangile**, d'après Matthieu et Marc, par FRÉDÉRIC MACLER.   50 fr.

XXIX. **Adonis**, étude de religions orientales comparées, par JAMES-GEORGE FRAZER.   25 fr.

XXX. **Les origines de la famille et du clan**, par JAMES-GEORGE FRAZER.   15 fr.

XXXI. **Histoire des idées théosophiques dans l'Inde : Le Bouddhisme**, par PAUL OLTRAMARE.   50 fr.

XXXII. **La légende de l'empereur Açoka**, par J. PRZYLUSKI. (Sous presse.)

XXXIII. **Le pèlerinage à la Mekke**, étude histoire religieuse, par GAUDEFROY-DEMOMBYNES. 40 fr.

XXXIV. **Le festin d'immortalité**, esquisse d'une étude de mythologie comparée indo-européenne, par G. DUMÉZIL (sous presse).

BIBLIOTHÈQUE DE VULGARISATION

Série de volumes in-18.

Tomes I à XXXV, *Éditions Ernest Leroux*,
28, rue Bonaparte, Paris (VIe).

I. **Les Moines égyptiens**, par E. AMÉLINEAU. In-18, illustré.
Épuisé.

II. **Précis de l'Histoire des religions.** Première partie. Religions de l'Inde, par L. DE MILLOUÉ. In 18, illustré de 21 planches.
Épuisé.

III. **Les Hétèens.** Histoire d'un Empire oublié, par H. SAYCE. Traduit de l'anglais, avec préface et appendices, par J. MENANT, de l'Institut. In-18, illustré. Épuisé.

IV. **Les Symboles, les Emblèmes et les Accessoires du culte chez les Annamites**, par G. DUMOUTIER. In-18, illustré.
Épuisé.

V. **Les Yézidis.** Les Adorateurs du diable, par J. MENANT, de l'Institut. In-18, figures. 7 fr.

VI. **Le Culte des morts** dans l'Annam et dans l'Extrême-Orient, par le lieutenant-colonel BOUINAIS et PAULUS. In-18. 7 fr.

VII. **Résumé de l'Histoire de l'Egypte**, par E. AMÉLINEAU. In-18.
Épuisé.

VIII. **Le Bois sec refleuri.** Roman coréen, traduit par HONG-TJYONG-OU. In-18. 7 fr.

XXIII. **La Religion des anciens Égyptiens.** Conférences de M. EDOUARD NAVILLE, au Collège de France. Épuisé.

XXIV. **Les Religions orientales dans le paganisme romain.** Conférences faites au Collège de France en 1905, par M. FRANZ CUMONT. In-18. Épuisé.

XXV. **Conférences au Musée Guimet,** 1907. 7 fr.

XXVI. XXVII. **Conférences.** 2 vol. in-18, illustrés. Chacun 7 fr.

XXVIII. **Exposition temporaire au Musée Guimet.** Catalogue. In-18, illustré. 7 fr.

XXIX. XXX. **Conférences au Musée Guimet,** en 1907-1908, par MM. R. CAGNAT, A. MORET, L. DE MILLOUÉ, POTTIER, Dr J.-J MATIGNON, SALOMON REINACH. — G. BÉNÉDITE, A. GAYET, A. FOUCHER, L. DE MILLOUÉ, E. NAVILLE, D. MENANT. 2 vol. in-18, illustrés. Chacun 7 fr.

XXXI. XXXII. **Conférences au Musée Guimet,** en 1908-1909, par T. HOMOLLE, SALOMON REINACH, L. DE MILLOUÉ, SYLVAIN LÉVI, R. CAGNAT, L. DELAPORTE, A. MORET. — G. LAFAYE, RENÉ PICHON, Dr CAPITAN, E. REVILLOUT, J. BACOT, Mme JANE DIEULAFOY, A. MORET. Chacun 7 fr.

XXXIII. **Les Phases successives de l'histoire des religions.** Conférences faites au Collège de France par JEAN REVILLE 7 fr.

XXXIV, XXXV. **Conférences au Musée Guimet,** en 1910, par MM. DE MILLOUÉ, MORET, DUSSAUD, FOUCHER, CAGNAT, CUMONT, DELAPORTE, GUIMET, BÉNÉDITE, CORDIER, REINACH, PICHON, VON LE COQ et MLLE MENANT. Chacun 7 fr.

En dépôt : *Librairie Paul Geuthner*, rue Jacob, 13, Paris (VIe).

XXXVI. **Conférences au Musée Guimet en 1911,** par L. DE MILLOUÉ H. CORDIER, R. CAGNAT, comte GOBLET D'ALVIELLA, SYLVAIN LÉVI, J. BACOT. Chacun 6 fr.

TABLE DES PLANCHES

IIᵉ PARTIE

LE TURKESTAN

CHAPITRE PREMIER

Tourfân.

CHAPITRE II

Touen-houang.

IIIᵉ PARTIE

LA CHINE BOUDDHIQUE — LES WEI ET LES T'ANG

CHAPITRE PREMIER

Yun-kang.

CHAPITRE II

Long-men.

IVᵉ PARTIE

LE TIBET

CHAPITRE PREMIER

Aperçu historique.

JAPON

ET

EXTRÊME-ORIENT

REVUE MENSUELLE
D'INFORMATIONS POLITIQUES, ÉCONOMIQUES,
ARTISTIQUES ET LITTÉRAIRES

———

COMITÉ DE RÉDACTION :

**Louis AUBERT, Paul-Louis COUCHOUD, Serge ELISSÉÈV
Claude MAITRE, Robert MARTINIE**

———

Parait depuis le 1er décembre 1923.

———

PRIX DU NUMÉRO :

France . . . fr. 3.5o — Etranger . . fr. 4.5o

———

ABONNEMENT :

	6 mois.	1 an.
France et Colonies	19 francs.	35 francs.
Etranger	23 francs.	42 francs.

———

47, RUE MIROMESNIL
PARIS (VIIIe)

Bruxelles. — IMPRIMERIE VEUVE MONNOM. 32, rue de l'Industrie.

Imprimerie Veuve Monnom (s. a.), Bruxelles.